Idee von Gianni Morelli

NATUR VERBUNDEN

Einzigartige Naturerlebnisse weltweit

INHALT

EINLEITUNG

Die Natur nicht nur bewundern, mit der Natur verbunden sein: In solchen magischen und unvergesslichen Erlebnissen enthüllt sich das Privileg, ein glückliches Staubkorn im All namens Erde zu bewohnen. Die Landschaften unseres Planeten sind kaleidoskopisch, wechselhaft, überraschend, sinfonisch, sanft, majestätisch. Sie sind so facettenreich im Vergleich zu menschlichen Fähigkeiten, dass eine Durchquerung oft nur mit Spezialwerkzeugen oder technologischer Hilfe möglich ist. Es gibt so viele Orte, an denen die Natur uns umgibt, uns in Staunen versetzt und uns intensive Emotionen schenkt, die wir in der Routine des Alltags schnell vergessen. Die Natur belohnt uns vielfach – oft sogar, ohne dass es uns bewusst ist – mit einem beruhigenden Gefühl der Zugehörigkeit.

In diesem Buch wollten wir einen Schritt nach vorn wagen: uns nicht auf die Beschreibung einzigartiger Landschaften begrenzen, sondern sie näherbringen, uns mitten in sie hineinfallen lassen.

Aus diesem Grund haben wir Naturschauspiele herausgesucht, die etwas ganz Besonderes darstellen. Wir haben sie Kontaktpunkte genannt, Punkte nämlich, an denen die körperliche, geistige oder emotionale Distanz zwischen uns und der Natur so klein ist, dass sie nahezu aufgehoben wird. So entsteht der Kontakt: mit allen in der Situation möglichen Sinnen und einer Prise Fantasie, die zwar keine unerlässliche, aber eine sehr empfehlenswerte Zutat ist. Nicht zuletzt deshalb, weil viele dieser Punkte an der Grenze zwischen Vorstellung und Unvorstellbarem liegen. Wir haben die Erinnerung, die Atlanten, die Enzyklopädien, das Internet und besonders die Erfahrungen großer Reisender, Journalisten, Fotografen und Geografen durchforstet, um aus der unerschöpflichen Quelle eine Auswahl der außergewöhnlichsten Kontaktpunkte zu treffen.

Doch aufgepasst: unter der einen Bedingung, dass sie Personen jedes Alters und jeder körperlichen Verfassung zugänglich sind, von gesundheitlichen Beeinträchtigungen einmal abgesehen. Wir haben auf extreme Aktivitäten und, neben wenigen unvermeidbaren (und nur teilweisen) Ausnahmen, auf die höchsten Schwierigkeitsgrade verzichtet.

Das Resultat der Suche sind knapp über fünfzig Kontaktpunkte, jeder einzelne davon ein Naturschauspiel, das die Grenzen der Vorstellung sprengt. Dort nämlich zeigt sich die Natur in ihrer atemberaubendsten Pracht. Biolumineszenz, zum Beispiel, betrifft nicht nur Glühwürmchen. Im Meer leben große Populationen »leuchtender« mikroskopischer Lebewesen. Auf den Malediven strömen in mondlosen Nächten so viele von ihnen zusammen, dass das Meer leuchtet – ein Phänomen, das auch als »Sea of Stars« bekannt ist. Wer hineinspringt, taucht ein in ein Firmament aus milchigem Wasser. Apropos Firmament: Wer vom Nachthimmel fasziniert ist und sich von Sternbildern angezogen fühlt. der sollte unbedingt einen Blick auf die spiralförmige Kurve unseres Zuhauses, die Milchstraße, werfen. Möglich ist das unter anderem in Namibia, wo sternklare Nächte die Norm sind. Übrigens, um auf ein ganz anderes Universum zu sprechen zu kommen: Die gewaltigen Gletscher der Polargebiete (und deren Umgebung) beherbergen natürliche Tunnel, Grotten mit eisblauen Wänden, Wasserläufe, unterirdische Seen und große, hallenartige Hohlräume mit fantastischen Lichteinfällen. Ein anderes naturintensives Erlebnis bietet ein Tauchgang in die nördlichen Meere, mitten in eine Orcafamilie, in der jedes Mitglied zehn Meter lang ist und zehn Tonnen wiegt, natürlich abgesehen vom Kalb, das über zwei Meter lang ist und »nur« 200 Kilogramm auf die Waage bringt. Und das ganz ohne Gefahr.

Ähnlich faszinierend ist wohl ein Schwimmgang mit Buckelwalen – deren Dimensionen und Gewicht man lieber erst im Nachhinein erfahren möchte – inmitten des Pazifiks.

Nochmals Tiere, dieses Mal Landtiere: Eisbären auf Spitzbergen, die so nah sind, dass man ihnen fast die Hand beziehungsweise Tatze schütteln kann. So ähnlich verhält es sich mit Braunbären auf Kamtschatka. Oder Berggorillas mit ihren menschenähnlichen Blicken in den Wäldern Ruandas, wo Dian Fossey sie beschützt hat, solange sie konnte. Dann die Pinguine – zu Hunderten, neugierig, stolz (und auch ulkig, aber das behalten wir für uns) – nicht nur der Antarktis, sondern auch Südgeorgiens, mitten im Ozean. Sowie ein Teppich oranger Schmetterlinge in Mexiko, die Monarchfalter, die jedes Jahr zur Paarungszeit Tausende Kilometer zurücklegen. Übrigens sind es nicht dieselben, die zurückkehren. Während des Fluges findet mehrmals ein Generationenwechsel statt, die alten Falter sterben und die frisch geschlüpften fliegen die nächste Etappe.
Und Blumen? Nun, vor uns liegt ein thailändischer See mit Lotusblüten, der zu einer Bootsfahrt einlädt. Oder die blühenden Kirschbäume der Yoshino-Berge.
Für Farbbegeisterte steht eine grafische Skizze zur Verfügung, die sich über knapp 500 Quadratkilometer im chinesischen Inland erstreckt, gezeichnet von der Natur auf die Danxia-Berge in Linze. Im Hinblick auf natürliche Farbpaletten wären da auch noch der Antelope Canyon in Arizona, die hawaiianischen Regenbogenbäume oder der Fluss Caño Cristales in Kolumbien. Wer lieber mit dem Feuer spielt, dem servieren wir auf Hawaii Vulkane und Lava »all you can eat«, Tümpel in der Danakil, die in die Hölle blicken, und jahrtausendealte Geysire in Island. Das sind nur einige Beispiele. In diesem Buch steckt noch viel, viel mehr.
Heute reisen infolge des globalisierten Tourismus und leichten Zugangs zu Kommunikationsmitteln Milliarden Menschen um den Globus.
Obgleich sich das Verständnis von »Abgelegenheit« stetig gewandelt hat, warten immer noch Abenteuer in Kontakt mit der Natur, die für intensive Momente sorgen und unauslöschliche Erinnerungen hinterlassen.
In diesem Sinn also enthält dieses Buch eine Auswahl der aufregendsten Naturlandschaften der Welt, begleitet von außergewöhnlichen Bildern, sowie wertvolle Informationen und Reisetipps, um Orte außerordentlicher Naturschönheit zu besuchen und einzigartige Abenteuer hautnah zu erfahren.
Die Kästen mit den Reisetipps, die kulturellen Vertiefungen und die inspirierenden Zitate berühmter Reisender tragen weiter zu diesem Buch bei und machen daraus ein nützliches Instrument für diejenigen, die eine Reise in die Natur planen oder sich wünschen, auf der Suche nach einem Reiseziel mit offenen Augen zu träumen.
Auf diesen Seiten erzählen wir von zahlreichen Reisezielen, darunter bekannte und weniger bekannte. Manche sind zum Symbol ihrer selbst geworden, manche sind abgelegener. Sie alle aber teilen eine Fragilität jenseits des äußeren Eindrucks. Sie alle müssen mit größter Sorgfalt geschützt werden, solange noch Zeit ist. An vorderster Front dieses Kampfes steht die National Geographic Society.
Forschung, Erforschung, Bildung, Initiativen und Aktivitäten im Bereich der Wissensverbreitung und der kulturelle Austausch sind nur einige Schlüsselbegriffe, die den Einsatz von National Geographic gegenüber der Umwelt, zusammenfassen. Denn wir leben alle auf diesem Planeten und müssen gemeinsam alles in unserer Macht Stehende tun, um ihn zu schützen und zu bewahren.

4 Umhüllt vom Regenwald in Thailand.

8-9 Die legendäre Salzpfanne Salar de Uyuni auf dem Hochplateau von Bolivien gehört zu den größten Wüstenlandschaften der Welt. Sie birgt rund 10 Billionen Tonnen Salz, nur ein kleiner Anteil wird abgebaut.

ITALIEN - FRANKREICH

DER GLETSCHER AUF DEM DACH DER ALPEN

EIN LANGSAMES EINTAUCHEN IN DIE WILDNIS DER ALPEN, EINE REISE ZU FUSS ODER AUF SKIERN DURCH DAS GEBIRGSMASSIV DES MONTBLANC. ZWISCHEN EIS, SPITZEN FELSEN UND ENDLOSEM HIMMEL SIND MENSCHEN NUR GÄSTE AUF DER DURCHREISE.

Das Herz Europas ist eine eisbedeckte Kathedrale aus Granit, gestützt von majestätischen Felswänden und zerklüfteten Graten, die sich an der 4000-Meter-Grenze auftürmen. Die Architektur, die große Höhe und deren Einsamkeit haben den »verfluchten Berg«, Sitz von Dämonen, jahrtausendelang in Geheimnis gehüllt. Seine als Drachen dargestellten Gletscher wurden von den Savoyer Priestern exorziert. Dann folgten die Aufklärung, die Wissenschaftler, die Bergsteiger. Doch trotz der vielen Seilbahnen und Zufahrtsstraßen bleibt der Montblanc noch heute eine der letzten Wildnisse des alten Kontinents. Die aufregendste Tour durchquert den zentralen Teil des Massivs entlang der Gletscherkette, die Italien mit Frankreich verbindet. Sommers kann sie zu Fuß beschritten werden, wie zu Zeiten De Saussures (der Genfer Wissenschaftler, der 1786 die Erstbesteigung des 4810 Meter hohen Montblanc unterstützte). Nach dem ersten Schnee und bis in den späten Juni legen viele die Strecke allerdings auf Skiern zurück: Die Vallée

10 Skibergsteiger steigen an einem Grat über dem Glacier du Tacul auf. Im Vordergrund die Aiguille du Tacul, hinter der sich die Gebirgskette der Drus, Aiguille Verte, Droites und Courtes erhebt.

11 Aussicht vom Col du Géant, rechts daneben der Dent du Géant.

12 Bergsteigerseilschaften an den Hängen des Tacul; die Séracs bilden faszinierend geformte Turmlabyrinthe.

12-13 Skibergsteiger auf dem schroffen, mit Handlauf ausgestatteten Grat, der von der Bergstation der Aiguille du Midi zum Ausgangspunkt der Vallée Blanche führt.

Der Mensch braucht wilde Paradiese, in denen er sich auf der Erde nicht als Fremder fühlt. Gaston Rébuffat

Alpinist und französischer Bergführer

Blanche ist heute eine 24 Kilometer lange Freeride-Abfahrt (18 Gletscherpisten), die auch für Skifahrer mittleren Niveaus geeignet ist. Die unermüdlich rotierenden Kabinen der Skyways-Anlage, Wunder der Technik aus dem Jahr 2015, erreichen von dem Ortsteil Entrèves in Courmayeur die Punta Helbronner auf der Gebirgspassage Col du Géant in 3462 Meter Höhe. Von hier schweift der Blick auf den Peuterey-Grat bis hin zum Gipfel des Montblanc. Auch der »mechanisierte« Tourabschnitt besticht durch sein Panorama. An der Endstation betritt man

REISETIPPS

BESTE REISEZEIT Die Tour vom Col du Géant zum Montenvers ist fast das ganze Jahr über möglich, auf Skiern (am besten von März bis Juni) oder zu Fuß (von Juli bis September).

ANREISE Courmayeur ist von Mailand und Turin über die A4 und A5 erreichbar. Die Rückreise von Chamonix nach Italien erfolgt durch den Montblanc-Tunnel.

REISEGEPÄCK Neben den erforderlichen Skiern immer LVS-Gerät, Pickel und Sicherheitsseil sowie, erfahrenste Experten einmal ausgenommen, die Anwesenheit eines Bergführers, der beim Bergführerverband von Courmayeur oder der Compagnie des Guides de Chamonix gebucht werden kann.

SCHWIERIGKEIT Einfache Tour, circa 15 Kilometer bergab, die jedoch hervorragende körperliche Fitness, Höhentraining und Vertrautheit mit Bergsteigerausrüstung voraussetzt.

WEBSITES www.courmayeurmontblanc.it, www.chamonix.com, www.guidecourmayeur.com, www. chamonix-guides.com

14 Die Gletscherspalte der Vallée Blanche, die hinter dem Col du Gros Rognon liegt, im ersten Tourabschnitt.

15 Abfahrt zwischen den Séracs du Géant. Dies ist der letzte schwierige Abschnitt vor der Salle à Manger, die Hochebene, die den zweiten Tourabschnitt entlang des Glacier du Tacul und des Mer de Glace einleitet. Die Abfahrt der Vallée Blanche, einst nur im Sommer befahren und erfahrenen Skibergsteigern vorbehalten, ist heute fast das ganze Jahr geöffnet; mit den Bergführern von Chamonix und Courmayeur kann sie auch von Ski-Einsteigern gemeistert werden.

direkt den Gletscher: In Seilschaft, mit Pickel und Steigeisen oder bei leichtem Anstieg überquert man mit Skiern an den Füßen den Col des Flambeaux (3407 Meter) und steigt ab in die weiße Gletscherwüste des Géant. Im Osten erhebt sich der einsame Gipfel des Dent du Géant und im Westen die schwierige Tacul-Wand, Hort der Felsnadeln und Sporne aus rotem Granit. Entlang der Séracs geht es weiter (oft hört man knarrendes Eis oder das entfernte Dröhnen der Séracs) über den Gletscher des Tacul, bis er auf den Pfad trifft, der von der Aiguille du Midi wieder bergab führt. Noch einmal passiert man die Séracs du Requin bis zur Hochebene Salle à Manger, die am Fuß des Waldes der Aiguilles de Chamonix liegt. Beim Erreichen des Leschauxgletschers eröffnet sich hinter einem ein Blick auf die Nordwand der Grandes Jorasses, die zu den majestätischsten des Alpenraums zählt. Anschließend betritt man das Mer de Glace, wo man an zahlreichen Gletscherspalten, den kolossalen Felswänden der Drus und der pyramidenförmigen Aiguille Verte vorbeikommt, bis man am Ende den 1913 Meter hohen Montenvers erreicht. Irgendwo in der Nähe des Col des Mottes kreuzen sich die Wege der Skifahrer und Wanderer schließlich wieder. Von hier führt ein Weg zwischen Tannen bergab nach Chamonix. Bei wenig Schnee bringen einen die Seilbahn und die 1909 eingeweihte Zahnradbahn zurück ins Arvetal und damit auch in die Zivilisation.

FINNLAND

IM WALD DER SCHNEE-ELFEN

AUF SCHNEESCHUHEN DURCHS FINNISCHE LAPPLAND, WO IM RIISITUNTURI-NATIONALPARK ABERTAUSEND SCHNEEBEDECKTE TANNEN EINEN VERZAUBERTEN WALD INSZENIEREN.

Es gibt surreale Formen, wie in Science-Fiction oder Märchen. Formen, die je nach der Menge Licht, das sie beleuchtet, begeistern oder Angst einflößen. Ein Pilz, ein Gnom, ein Joystick. Ein Schwanenhals, ein Dinosaurierkopf, ein Pinguin, ein Schaf. Eine pummelige Comicfigur, das Lieblingsmonster aus dem Kino, ein romantischer Strauß Blumen. Nein, das sind keine Schattenspiele an der Wand, sondern die finnischen Tykky. Ein fantastisches Krippenspiel weißer Eiskristalle mit Formen, die sich im Laufe eines Tages oder einer Nacht ändern und in denen jeder etwas oder jemanden sieht.

16 Das Licht der untergehenden Sonne weitet den Blick ins Land der »Schneewächter«.

16-17 Skilangläufer neben einem imposanten Tykky im Riisitunturi-Nationalpark. Es dauert einige Tage, bis Wind und Frost aus dem gefallenen Schnee diese Eisskulpturen schaffen.

Im finnischen Teil Lapplands, wenige Kilometer nur von der russischen Grenze, ist Posios Riisitunturi- Nationalpark der beste Ort, um diese besondere »Form des Wassers« zu erkunden. Besonders, weil sich um die wie Kerzen im Wald stehenden Rottannen (*Picea abies*) Schneeschichten ansammeln, die weiße Geister wachrufen, als hätte man faltige Bettlaken über die Bäume geworfen. Es ist der kalte Arktiswind, der den Feinschnee bewegt oder die starke Feuchtigkeit kondensiert und alle Bäume in seinem Weg bedeckt. Beträgt die Temperatur zwischen -15 und -30 °C, wird das Laken vom Frost zerknittert und in den Folgetagen von Sonne und Wind neu gestaltet. In kurzer Zeit besiedelt sich die Taiga mit seltsamen Wesen wie Schnee-Elfen aus nordischen Märchen. Nord- und Mittelfinnland sind welliges Flachland, wo Nadelhölzer und Birken in endlosen Wäldern einen Bund für die Ewigkeit schließen und sich mit gefrorenen Seen abwechseln wie Perspektiven in einem Spiegelspiel. Darüber liegt eine weiße Decke, die die raue Landschaft mildert und neu dimensioniert. Der Ausflug mit Schneeschuhen könnte bezaubernder nicht sein. Bei jedem Schritt knirscht weicher Schnee unter den Füßen. Eisig frische Polarluft strömt in Mund und Nase und spendet neue Kraft. Die Landschaft ist eine Mischung aus Seen, Hügeln und Tykky, die dort Wächter oder Pilger auf der Durchreise zu sein scheinen. Die magische Atmosphäre lässt niemanden unberührt. Auf halbem Weg macht man an der Lichtung einer Hütte Rast und zündet ein kleines Feuer für warmen Kaffee und Rentiereintopf an. Das Freiluftessen im arktischen Winter ist ein weiterer Höhepunkt der Tour. Der Boden unter einem ist übrigens nicht nur dank des Schnees besonders weich, sondern darunter liegt eine Moosschicht. So können auch längere Strecken ohne schwere Beine zurückgelegt werden. Die ausgeschilderten Wanderwege sind die der Sommer-Herbst-Saison: Ein 40 Kilometer langes Netzwerk, das einen abwechslungsreichen Besuch mit Abstechern zu Orten ermöglicht, an denen Schnee aussieht wie köstliche Schlagsahne. Ein Wunderwerk der Natur sowie ein Paradies für Fotografen, in dem persönliche Perspektiven freien Lauf haben. Es gilt noch einen weiteren Aspekt hervorzuheben. Durch die Last des Schnees fallen Bäume um. Auf Dauer entstehen so aus lauter Tannenresten in dichter Wasservegetation »hängende« Torfmoore. Diese Welt erwacht im Sommer und Herbst, wenn Ausflüge

REISETIPPS

BESTE REISEZEIT Im Winter von November bis April. Die niedrigsten Temperaturen herrschen von Januar bis Februar. Dann werden die Tage länger und wärmer.

ANREISE Der nächste Flughafen liegt in Kuusamo. Dort kann ein Auto gemietet werden, um ins 63 Kilometer entfernte Posio zu gelangen. Eingang und Startpunkt des Riisitunturi befinden sich in der Nähe des Dorfs Tolva. Der Park ist allerdings auch von Kirintövaara aus zugänglich.

REISEGEPÄCK Winter-/Bergkleidung. Nicht zu vergessen Mütze, verstärkte Doppelhandschuhe, Bergbrille, Fernglas, Ersatzbatterien für die Kamera. Die Stöcke und Schneeschuhe werden vor Ort verliehen.

SCHWIERIGKEIT Ausflüge für alle, die fit und an Kälte gewöhnt sind.

WEBSITES

www.visitfinland.com,
www.nationalparks.fi,
www.posio- lapland.com,
www.northtrek.net,
www. rukaadventures.fi,
www.polarlight- stours.fi,
www.basecampoulanka.fi

organisiert werden, um aus dem Unterholz Heidel-, Preisel-, Him- und Moltebeeren zu pflücken. Der Nationalpark, auf Finnisch Riisitunturin Kansallispuisto, wurde 1982 gegründet und hat eine Fläche von fast 80 Quadratkilometern. Riisitunturi heißt so viel wie »Heuhügel« in samischer Sprache. Tatsächlich handelt es sich um eine Anhöhe von nur 466 Metern, die aber reizende Blicke eröffnet: Eine unebene Fläche mit Hügeln zwischen 300 und 400 Metern, die dem Gelände des Parks sein welliges, sanftes Erscheinungsbild verleihen. Dazwischen die rundlichen Formen der Seen, wie die unberührten, kristallklaren Gewässer des Kitkajärvi-Seensystems, die winters natürlich zugefroren sind. Und nicht zu vergessen: die Schneewächter. Das Ganze erstarrt zu einem Gemälde mit so vielen Weißnuancen, wie es samische Wörter für »Schnee« gibt.

18 Wind und niedrige Temperaturen gestalten das Landschaftsbild im südlichen Lappland. Die Rottannen der Taiga beugen sich unter der Schneelast und verschwinden fast vollständig im umliegenden Weiß.

19 oben Töpfe und Kocher werden an der freien Luft mit Feuer erhitzt: Kaffee und Eintopf sorgen für die richtige Stärkung auf der Wanderung.

19 unten Die schnelle Dämmerung am frühen Nachmittag färbt den Schnee des Parks rosa-violett. Ein bezauberndes Schauspiel.

SCHWEDEN

AUF BÄUMEN SCHLAFEN IN SCHWEDEN

IN LAPPLAND ERFÜLLT SICH EIN KINDHEITSTRAUM. HIER BIRGT DER WALD EIN GEHEIMNIS: EIN HOTEL DER GANZ BESONDEREN ART. DIE NATUR RUFT, KREATIVITÄT UND MODERNE ARCHITEKTUR GEBEN ANTWORT.

Wenn man an Lappland denkt, denkt man an Schnee, Rentiere und die Samen. Richtig, aber Lappland hat noch viel mehr zu bieten. In einem Wald bei Harads, circa 50 Kilometer südlich des nördlichen Polarkreises, ragt zwischen den Ästen ein Ufo hervor. In den Wipfeln thront ein Riesennest. Hinter den Baumstämmen verbirgt sich ein schwebender Spiegelwürfel. Willkommen im Tree Hotel. Die bizarren Körper zwischen Kiefern und

20-21 Die Spiegelfassade des Mirror Cube bewirkt einen eindrucksvollen Tarneffekt. Die Struktur ist um einen Baumstamm herum errichtet. Eine Holzbrücke führt in den Innenraum für zwei Personen.

21 Das Ufo-Zimmer.

22-23 Der Seventh Room, eine 75 Quadratmeter große Struktur in zehn Meter Höhe, ist über diverse Rampen und Treppenabsätze zugänglich. Die Unterkunft bietet Panoramafenster mit Flussblick, ein zwischen Bäumen schwebendes Netz im Innenhof sowie ein Bad mit Dusche. Bis zu fünf Personen können darin übernachten. Das Interieur besteht aus Holz. Die Materialien sind zum Großteil skandinavischer Herkunft.

REISETIPPS

BESTE REISEZEIT Das Hotel ist das ganze Jahr über geöffnet. Zu beachten ist, dass die Tage im Dezember und Januar sehr kurz sind; im Juni und Juli hingegen geht die Sonne gar nicht unter. Der beste Zeitraum zur Beobachtung der Nordlichter ist von Mitte September bis Ende März.

ANREISE Von Stockholm gehen täglich Flüge nach Luleå. Von dort erreicht man das Hotel per Taxi, Auto (eine knappe Stunde Fahrt) oder Hubschrauber.

REISEGEPÄCK Wasserdichte Wanderschuhe, Schichtenkleidung, dicke Winterkleidung, Taschenlampe.

SCHWIERIGKEIT Je nach gebuchter Unterkunft ist beim Betreten des Hotels etwas Beweglichkeit gefragt. Die Unterkünfte sind wenige Gehminuten von der Rezeption entfernt.

WEBSITES www.treehotel.se, www.swedishlapland.com, www.visitsweden.com

Tannen (sieben an der Zahl, weitere sind in Planung) sind ebenfalls Baumhäuser. Sie alle entspringen der Vorstellungskraft skandinavischer Architekten und sind untereinander außer Sichtweite. Ein Klischee weniger: Nicht zwangsläufig ist modernes Design an Urbanität gebunden. Im Innern des mit Aluminium umhüllten Mirror Cube ist die Luft vom Geruch des Harzes erfüllt. Die Struktur ist um eine Tanne herum errichtet. Wenn man im Seventh Room die Glasschiebetür zum Innenhof öffnet und hinausgeht, dient ein Netz als Fußboden. Der luftige Blick nach unten geht in die Baumzweige, der Blick nach oben in den sternbesäten Nachthimmel. Was den Körper betrifft, fühlt er sich vermutlich im Sommer am wohlsten hier an der Grenze zwischen Himmel und Erde. Doch das wahre Wunder ist der Winter. Und das nicht dank der Nordlichter. Die sieht man sowieso nur, wenn man es am wenigsten erwartet. Winters herrscht im verschneiten Wald des Tree Hotel eine märchenhafte Stimmung. Zusätzlich bietet sich die Möglichkeit zahlreicher Aktivitäten in freier Natur wie Husky- und Rentierschlittenfahrten, Eisangeln sowie eine Vielzahl von Wintersportarten. Kurzum: Man kehrt zurück in die Welt der Märchen und verwandelt sich in eine Elfe oder einen Zwerg. Die Temperaturen können bis auf frostige -30°C sinken. Lappländer fühlen sich privilegiert gegenüber den Einwohnern Stockholms. Dort – so sagen sie – komme und gehe der Schnee und es sei immer so dunkel. Sicher, die Dezembersonne geht auch hier oben kurz nach Mittag unter. Doch nach Einbruch der Dunkelheit setzt man sich auf das Schneemobil und dringt vor in den endlosen Wald. Der klare Vollmond und der reflektierende Schnee leuchten den Weg.

NORWEGEN

SCHWIMMEN MIT SCHWERTWALEN DER NORDSEE

SIE KOMMEN AUS DER TIEFE DES ATLANTIKS UND NÄHERN SICH LEISE DER KÜSTE. DANN SCHIESSEN PLÖTZLICH NEBELFONTÄNEN AUS DEM WASSER UND BRECHEN DIE STILLE DER NORDISCHEN DÄMMERUNG.

Jedes Jahr zwischen Ende Oktober und Anfang Februar kommt es in Nordnorwegen zwischen Narvik, Tromsø, den Lofoten und den Vesterålen zu einem Treffen der Schwertwale. Sie sind auf der Jagd nach Heringen. Weltweit ist dies eine der größten Ansammlungen der Art. Ein Ereignis, das es hautnah zu erleben gilt. Am besten bei einem Tauchgang in den eisigen Gewässern der Nordsee. Ein ausgewachsener Schwertwal vertilgt täglich etwa zwei Zentner. Je nach Jagdgebiet variieren die

24 Touristen beobachten einen Schwertwal bei Svolvær auf den Lofoten.

24-25 Orcas auf Heringsjagd. Diese Exemplare werden häufig während der Polarnacht gesichtet. Darüber kreisen Möwen, die auch auf der Jagd nach Heringen sind.

26 Ein junger Schwertwal springt zehn Meter vor einem Boot aus dem Wasser.

27 oben Tauchergruppe kurz vor dem Tauchgang.

27 unten Eine Schule Schwertwale im Fjord Andfjorden. Die Hierarchie dieser Säugetiere beruht auf einer matriarchalischen Ordnung.

Nahrungsgewohnheiten der Ozeanriesen. In der Antarktis bevorzugen sie Seehunde. In Kanada greifen sie durchaus andere Wale an. An den Küsten Argentiniens jagen sie Seelöwen. In Norwegen aber sind es nur Heringe. Die »Killerwale« sind hier keine Gefahr für den Menschen. Das Ritual beginnt mit schwerem Equipment: thermischer Anzug und Daunenschuhe, Trockenanzug (thermischer Taucheranzug), Neoprenhandschuhe, Tauchermaske und Schnorchel. In der Stille der arktischen Dämmerung – wir befinden uns weit über dem Polarkreis und die Tage sind auf wenige Stunden Dämmerlicht beschränkt – erreicht man mit dem Boot die Beobachtungspunkte.

Es ist nicht leicht, die genaue Position größerer Walschulen vorherzusehen. Sie ändert sich von Jahr zu Jahr. Man muss auf ihre Ankunft im Spätherbst warten, um die günstigsten Ausgangspunkte festzulegen. Auf den Lofoten und im Tysfjord legt man von Stegen ab, an denen eisbedeckte Schlauchboote schaukeln. Die Alternative sind spezialisierte Ausflüge auf Motorseglern mit fünf bis sechs Kabinen und Beiboot, die sich je nach Position der größten Gruppen von Walen fortbewegen. In den vergangenen Jahren haben Heringe und Orcas vorwiegend die atlantische Seite der Lofoten und der Vesterålen aufgesucht. Ein besonders guter Beobachtungspunkt in Vesterålen ist Andenes. Der Ort liegt am Nordende des im Vergleich zu den Lofoten weniger bekannten, aber nicht minder eindrucksvollen Archipels und zählt zu den weltbesten Walbeobachtungspunkten. Es ist gut nachzuvollziehen, warum Whale Watching vor der malerischen Szenerie dort ein einmaliges Erlebnis ist.

Das Programm jedenfalls bleibt überall

REISETIPPS

BESTE REISEZEIT Die saisonalen Wanderungen der Schwertwale lassen sich von November bis Februar beobachten. Der beste Monat zur Walbeobachtung ist Januar.

ANREISE Der nächste Orientierungspunkt ist der Flughafen Harstad/Narvik (weniger als 70 Kilometer entfernt von Narvik). In Oslo ist normalerweise Zwischenlandung.

REISEGEPÄCK Dicke Winterkleidung und Thermostiefel. Die Winterkälte im hohen Norden ist ernst zu nehmen. Am Meer herrschen nicht so extreme Temperaturen wie im Inland. Mit -20 °C sollte man aber rechnen.

SCHWIERIGKEIT Diese Reise ist nicht für jeden etwas. Neben der erforderlichen Begeisterung für Wale sollte man an Kälte und die Hochseenavigation in kleinen Booten gewöhnt sein. Außerdem ist körperliche Fitness gefragt.

WEBSITES www.visitnorway.com, www.orcanorway.info/orca-expeditions, www.tysfjord-turistsenter.no, www.whalesafari.no, www.ildia- mante.com

gleich. Die Landschaft ist idyllisch und geheimnisvoll, das Abenteuer aufregend. Man navigiert, beobachtet, wartet. Die direkte Verfolgung von Walen ist verboten. Es gilt, ihre Bewegungen zu studieren und sich entlang der potenziellen Route zu postieren. Nähert sich die Walschule dem Boot, lässt man sich auf Anweisung des Reiseführers so leise wie möglich ins Wasser gleiten. Die Wale kommen bis auf wenige Meter heran. Bald ragen ringsherum gewaltige Flossen aus dem Wasser. Man erspäht die mächtigen Silhouetten der Männchen, gefolgt von den kleineren Weibchen in Begleitung ihrer Kälber. Dann tauchen sie unter den Augen der Zuschauer wieder ab in die Tiefe: ein Moment, der für immer in Erinnerung bleibt. Atemlos kehrt man zurück an Bord. Es ist kalt, die Aufregung ist groß. Die Begegnung hat etwas Urtümliches. Ein schwer zu beschreibendes Gefühl. Wenig später geht es weiter zur nächsten Gruppe Wale. An manchen Tagen braucht die Ortung ihre Zeit. Orcas sind sehr schnell. Oft treibt sie die Neugier aber von allein zu den Booten. Lobtailing, das wiederholte Aufschlagen der Fluke, ist Ausdruck von Wut, Schmerz und Freude. Untereinander verständigen sie sich mit Pfiffen und langgezogenen Schreien. Wer genau hinhört, kann sie im Wasser vernehmen.

Tauchgänge sind übrigens nicht die einzige Möglichkeit, um dem Naturereignis beizuwohnen. Zur Auswahl steht auch eine Fotosafari mit Schlauchbooten oder 30 Meter langen Motorschiffen; wie zum Beispiel in Andenes.

NORWEGEN

UNTER VIER AUGEN MIT EISBÄREN

ES SIND DIE KÖNIGE DER LANDRAUBTIERE: SIE ZU TREFFEN, IST EIN SELTENES PRIVILEG, EIN MIT VORSICHT ZU GENIESSENDES ABENTEUER. SPITZBERGEN GILT UNTER DEN POLARREGIONEN ALS BESTES REISEZIEL FÜR EINE HAUTNAHE BEGEGNUNG MIT DEN BÄREN DER ARKTIS.

Spitzbergen (auf Norwegisch: Svalbard) kommt aus der Ferne. Vermutlich ist die Inselgruppe seit 350 Millionen Jahren auf dem Weg vom Äquator zum Nordpol. Den Geologen zufolge soll sie dort in etwa 50 Millionen Jahren auch angelangen. Die Reise nach Spitzbergen ist weit. Auf dem Archipel ist Vorsicht geboten. Seine majestätischen Landschaften sind eine Mischung aus Eis, Bergen und Stille. Wer im Sommer anreist, der

28-29 Ein Eisbär, gesehen durch ein Fischaugenobjektiv. So ein Objektiv bildet horizontale Linien gekrümmt ab.

29 Der Austfonna, einer der größten Gletscher Europas, liegt auf der Insel Nordostland. Der Gletscher ist, wie häufig der Fall, von den Auswirkungen der globalen Erwärmung bedroht.

REISETIPPS

BESTE REISEZEIT Im Frühling (am besten April) für Ausflüge mit dem Schneemobil. Von Juni bis September für Kreuzfahrten. Zu beachten ist, dass vollständige Inselrundfahrten oberhalb des 80. Breitengrades häufig nur im Spätsommer möglich sind.

ANREISE Selbst die Anreise mit dem Flugzeug ist weit: Ab Kopenhagen und Oslo erreicht man Tromsø, die größte Stadt Nordnorwegens. Dann folgt ein Nachtflug, der nach zweieinhalb Stunden auf dem kleinen Archipel auf halbem Wege zwischen dem Nordkap und dem Nordpol landet.

REISEGEPÄCK Für die Kreuzfahrt: warme und wasserfeste, für das Schlauchboot geeignete Schuhe, Windschutzhose, wasserfeste Jacke, dicker Pullover, Handschuhe und Wollmütze. Für Schneemobilausflüge: Bergkleidung, thermische Unterwäsche, thermische Stiefel, dicke Handschuhe und Helm.

SCHWIERIGKEIT Die Kreuzfahrten sind für Personen geeignet, die in der Lage sind, in ein Schlauchboot zu steigen und für Kurzausflüge an Land zu gehen. Die Schneemobilausflüge erfordern körperliche Fitness, viel Ausdauer und Kälteresistenz.

WEBSITES wwww.visitnorway.com, travel.quarkexpeditions.com/spitsbergen, www.spitsbergentravel.com/start/www.ilviaggio.biz

30 oben und unten Eisbären nähern sich einem Eisbrecher nahe der Insel Spitzbergen.

31 Die Gegenwart des Menschen weckt die Neugier der Raubtiere. Ähnlich wecken die Eisbären die Neugier der fotografierenden Touristen.

32-33 Eisbär auf einem Walkadaver und Eisbärmutter mit ihrem Jungen.

badet beim Landen im warmen Licht einer Sonne, die es strikt ablehnt, unter den Horizont zu sinken. Es wird nie dunkel. Der Polartag dauert in Spitzbergen von April bis September.

Longyearbyen, das Verwaltungszentrum des entlegenen Archipels in der Barentssee, entstand als Bergarbeitersiedlung und ist geprägt von harter Arbeit und dem Leben an der Grenze der bewohnbaren Welt. Im Kontrast dazu stehen die bunten Holzhäuschen sowie einige touristische Einrichtungen. Sie scheinen Ausdruck des Lebenswillens der (etwas mehr als) Tausend-Seelen-Gemeinde zu sein.

Im Allgemeinen gibt es zwei Optionen für die Begegnung mit Eisbären. Sommers geht man an Bord eines der Schiffe, die eine Rundfahrt um die Insel machen.

In der Regel verlässt man Longyearbyens Hafen und durchquert die ruhigen Gewässer des Isfjords. Hier und da begegnet man Segelbooten oder einem russischen Forschungsschiff. So weit das Auge reicht, ragen Berge und Gletscher auf, die in kristallklares Licht gehüllt sind. Die erste Etappe ist die russische Bergarbeitersiedlung Barentsburg. Hier

steht die Zeit still: Die Schilder sind auf Kyrillisch, es gibt orthodoxe Kirchen, russische Schulen, Kohleberge und baufällige Förderbänder. Heute leben nur noch wenige hundert Russen in Barentsburg. Dann legt man wieder ab. Abwechselnd durchschifft man ruhige und offene Gewässer entlang der Westküsten des Archipels. Weiter nördlich passiert man das Prinz-Karl-Vorland und besichtigt den spektakulären Magdalenefjord. Im Liefdefjord geht man vor der kilometerbreiten Gletscherfront des Monacobreen vor Anker.

An Bord der Zodiac-Schlauchboote nähert man sich mächtigen Eiswänden, die so nah an der Wasseroberfläche noch eindrucksvoller wirken. Sobald die Motoren aus sind, vernimmt man unheilvolles Knarren und Platzen. Das Eis ist lebendig. Plötzlich löst sich ein großer Block und rutscht immer schneller hinab, bis er mit einem Knall auf das Wasser aufprallt. Ein Eisberg ist geboren – die Strömungen werden ihn davontreiben, bis er vollständig schmilzt.

Auf diesen Ausflügen mit dem Beiboot ist die Sichtung eines Eisbären am wahrscheinlichsten. Meist handelt es sich um Eisbärmütter mit Jungen oder vereinzelte Exemplare, die entlang der Küste auf Nahrungssuche sind. Seltener sind die Eisbären kurz vor oder nach dem Beutefang. In solchen Fällen werden die Motoren ausgestellt und man wird stiller Zeuge des natürlichen Kampfes um Leben und Tod. Erst dann begreift man wirklich, dass das niedliche Tier der Zoos und der Bilder in freier Wildbahn ein tödliches Raubtier ist. Neben den Bären werden auch Weißwale, Grönlandwale, Orcas und sogar einige vereinzelte Narwale gesichtet.

Einem 2015 vom Norwegischen Polarinstitut veröffentlichten Bericht zufolge ist die Bevölkerung dieses entlegenen Archipels im Vergleich zur Volkszählung von 2004 um 42 % gewachsen und erfreut sich hervorragender Gesundheit sowie Ernährung. Diese Daten zeigen einen Gegentrend zur allgemeinen Lage der Polargebiete. Denn die letzten wilden Eisbären sind durch den Klimawandel und dem dadurch verursachten Schmelzen der Gletscher in besonderem Maße gefährdet.

Die andere Option zur Sichtung von Eisbären hingegen erfordert eine gewisse Prise Abenteuerlust. Um sie wahrzunehmen, muss man im Frühling nach Spitzbergen reisen, idealerweise im April. In dem Zeitraum werden die Tage so schnell länger, dass man die Nacht während des Urlaubs quasi verschwinden sieht.

Auch die Temperaturen sind etwas höher, obgleich sie deutlich unter null Grad bleiben. Bei dieser Tour ist Longyearbyen der Ausgangsort für ein- oder mehrtägige Ausflüge auf den Spuren der arktischen Riesen.

Die technische und thermische Ausrüstung sowie die Schneemobile sind vor Ort verfügbar. Für Letztere kann wahlweise ein Fahrer dazugebucht werden. Die höchst erfahrenen Reiseführer sind immer bewaffnet und an die raue Natur dieser Breitenkreise gewöhnt.

Bei der Begegnung mit Eisbären ist höchste Vorsicht geboten.

Die Anweisungen der Ranger sollten jederzeit befolgt werden.

Dieses abenteuerliche Erlebnis hat eine äußerst hohe Erfolgsrate.

Doch es ist Verantwortungsgefühl gefragt, denn wir gefährden nicht nur uns, sondern auch die Bären. Ein Tier, das sich zur Verteidigung gezwungen sieht, wird in der Regel erlegt. Zudem kann die Flucht eine Eisbärmutter wertvolle Kraft kosten, die sie zum Jagen dringend benötigt. Auch in den hohen Breiten der Erde gilt für den Menschen, sich als bescheidener, nicht als aufdringlicher Gast zu verhalten. Im Frühling empfiehlt sich übrigens auch eine Besichtigung der sommers unzugänglichen Eisgrotten. Sie liegen gleich vor der Stadt.

NIEMANDS- UND JEDERMANNSLAND

Zwischen dem 74. und 81. Grad nördlicher Breite gelegen, trennen weniger als tausend Kilometer die Inselgruppe Spitzbergen noch vom Nordpol. Die zu 60 % vom ewigen Eis bedeckte Gesamtfläche ist in etwa mit der Irlands zu vergleichen. Die erste kartografische Erfassung im Jahr 1596 stammt von Willem Barents. Der niederländische Seefahrer landete hier auf der Suche nach der Nordostpassage in Richtung Asien und gilt als Entdecker »Svalbards«. Letztere Bezeichnung taucht allerdings schon in norwegischen Schriften aus dem Jahr 1100 auf, die die Notiz Svalbardi fundinn (»die kalte Küste gefunden«) enthalten. Im Jahr 1920 wurde von 14 Ländern der Spitzbergenvertrag unterzeichnet. Weitere 32 Vertragsstaaten folgten, darunter auch Deutschland. Durch den Vertrag erhielt Norwegen die Souveränität über den Archipel Spitzbergen, musste jedoch allen Vertragsstaaten das Recht zum Abbau der dortigen Bodenschätze einräumen. Aufgrund dieser Rechtslage existieren hier weder Visa noch Aufenthaltsgenehmigungen und alle Bürger der Vertragsstaaten haben das Recht, auf den Inseln zu wohnen – vorausgesetzt, sie finden Arbeit. Darüber hinaus ist Spitzbergen gemäß dem Vertrag eine entmilitarisierte und neutrale Zone. Das Verwaltungszentrum ist Longyearbyen. In Spitzbergen gibt es keine weiteren Verwaltungsbezirke und es werden keine Vertreter für das norwegische Parlament gewählt.

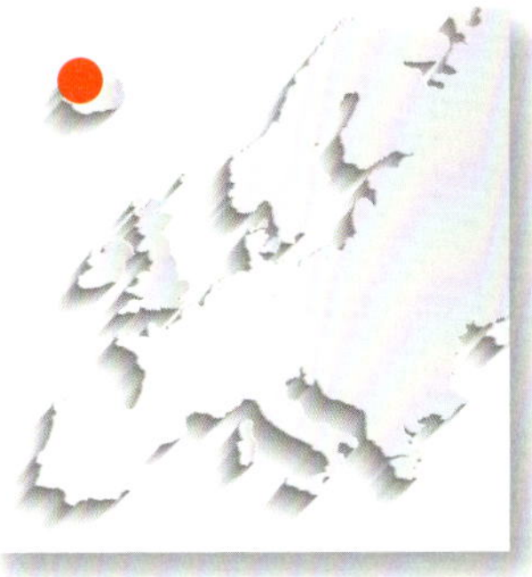

BLICK IN DAS HERZ DER ERDE

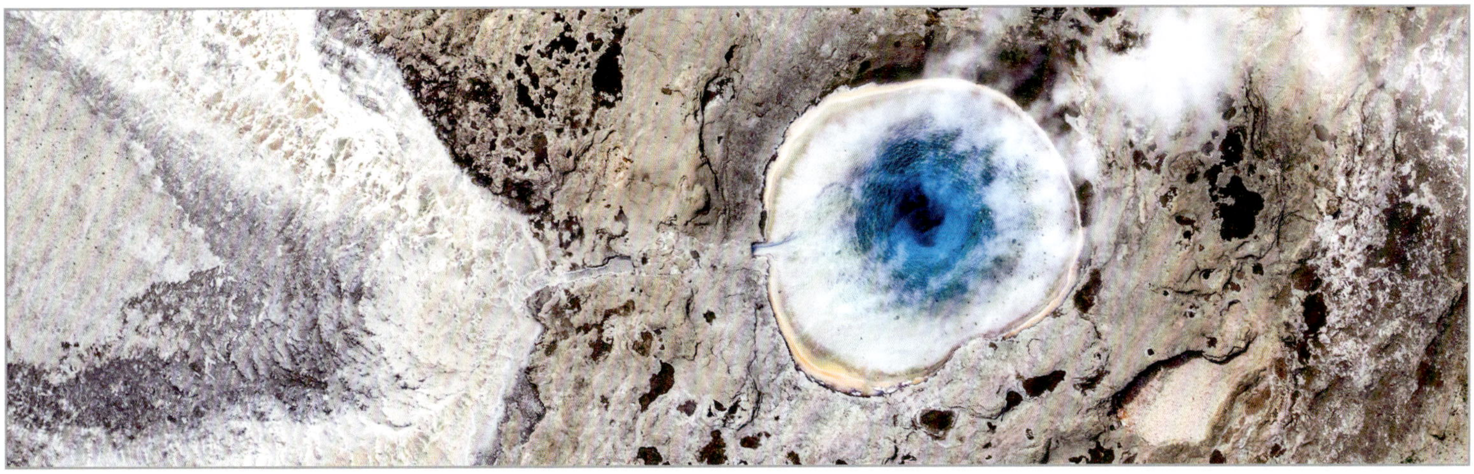

DER WUNDERBARE CHARME EINES SCHNAUBENS, EINES KOCHENDEN ATEMS AUS DER TIEFE, DIE EINEN DARAN ERINNERT, DASS DIE ERDE ALS EIN LEBENDER ORGANISMUS ZU BETRACHTEN IST. DAS MACHT NEUGIERIG, IST FASZINIEREND UND BEÄNGSTIGEND ZUGLEICH.

Zwei Trommelschläge gefolgt von einem erstickten Aufschrei, wie von heißem, unterirdisch und unter Druck stehendem Wasser, der die Luft mit einer tauben Vibration durchschneidet. Vielleicht gibt es keinen Zusammenhang, aber der Wikingerruf, der gewählt wurde, um die Fußballnationalmannschaft während der EM 2016 zu unterstützen, erinnert an diesen »Strahl des Teufels«, die Geysire oder Geiser, die nicht die einzigen Markenzeichen der Insel sind, aber ihr Wesen gut darstellen. Und das lässt sich in Vulkane und Gletscher zusammenfassen. Gerade die Vulkane mit ihrer immensen Kraft, die in der Lage sind, den europäischen Luftverkehr mit ihren Ascheausbrüchen wochenlang zu blockieren, sind für diesen Effekt verantwortlich, fast wie ein

34 Strokkur ist derzeit Islands aktivster Geysir mit einem Wasserausstoß, der regelmäßig auftritt und oft 40 Meter übersteigt. Alle zwei bis drei Tage kommt es zu starken Explosionen, die durch eine Druckansammlung verursacht werden.

35 Luftaufnahme des Geysirs, dem ältesten Geysir in einem Gebiet, von dem die Geologen glauben, dass es seit 10 000 Jahren aktiv ist. Das Terrain ist bereits aus der Ferne, durch die Dampfausstöße der Quellen erkennbar.

Clown, der anstatt aus einer Schachtel, aus dem Zentrum der Erde hervorspringt. Der Begriff »Geiser« leitet sich vom Eigennamen des bekanntesten Großen Geysir ab, der wiederum von dem isländischen Wort *gjósa* (deutsch: »hervorsprudeln«), stammt. Ein Geiser lässt sich wie folgt erklären: im Untergrund bildet sich eine Art Wasser-Reservoir, das mit der Erdoberfläche über einen Kanal verbunden ist; die Flüssigkeit an der Oberfläche kühlt ab und die darunterliegende Flüssigkeit erwärmt sich mithilfe der Geothermie. Wenn der Druck den kritischen Punkt erreicht, drückt dieser das Wasser und den Dampf aus der Öffnung an der Erdoberfläche und in den Himmel, bis der Druck und damit auch der Wasserstrahl abfällt. Ganz einfach. Das Haukadalur-Tal, auf der Hochebene nordöstlich von Reykjavík, bietet neben vielen warmen Schlammteichen ein kristallines Wasserbecken und Gas-fumarolen, ein drei Quadratkilometer großes geothermisches Feld. Hier sind die Quellen auf einem 100 Meter breiten Streifen angeordnet, die den Linien der tektonischen Platten folgen und nach Süden sowie Südwesten ausgerichtet sind. Den Geysir Strokku (deutsch: »Butterfass«) zu erreichen, ist wie sich auf eine moderne Zirkusshow vorzubereiten. Die Überraschungen und die unglaubliche Kraft des Wassers sind die Grundlage der Show. Es gibt keine Zäune oder Absperrungen, man parkt und betritt den Bereich, der wie jede andere Ecke der Insel aussieht. Dann sucht man ein Becken, um das herum jemand bereits steht und darauf wartet, dass etwas passiert. Man weiß mehr oder weniger, wie es sein wird, aber man weiß nicht genau, wann und wie es passieren wird. Das Wasserbecken beginnt Blasen zu werfen und kleine Wellen zu produzieren, was von den unterirdischen Kräften zeugt. Dann nimmt es an Intensität und Breite zu, bis das Wasser diesen unterirdischen Zwängen nicht mehr standhält und mit einem klaren Strahl

aus dem Krater schießt, bis er zu seiner maximalen Höhe, etwa 30 Meter, aufsteigt. Heißes Wasser bei 125 °C, das beim Aufstieg Dampf, Blasen und Wind mit sich bringt, ein Strahl, der einige Minuten mit 2-3 Gipfeln andauern kann und dann plötzlich stoppt, wie wenn man den Wasserhahn eines Springbrunnens schließt. Nach 5-7 Minuten beginnt sie erneut. Der Geiser begann seine Tätigkeit im Jahr der Französischen Revolution. Rund um Strokkur befindet sich der Große Geysir, der ursprüngliche, der im 13. Jahrhundert nach einem Erdbeben entstand und 1294 dokumentiert wurde. Es war der Geysir par excellence und stieg auf 80 Meter an, eine Show, die in der Vergangenheit viele beeindruckt, aber seine treibende Kraft erschöpft hat. Heute ist sein Wasserstrahl nur selten zu sehen. Und dann gibt es Litli Geysir und viele andere kleine Wasserstrahlen von einigen zehn Zentimetern, die hervorspringen. Das Gebiet kann auch mit einem Helikopterflug erkundet werden, der einen Blick auf das gesamte geothermische Gebiet bietet. Die Insel, an der Grenze zweier tektonischer Bruchstellen im Gestein, heizt mit Wärme aus den tiefen Erdschichten, sodass in den Gewächshäusern sogar Bananen angebaut werden können. Auf dem Breitengrad von Grönland!

REISETIPPS

BESTE REISEZEIT Das ganze Jahr über, mit Tagen von zwanzig Stunden Sonnenlicht im Sommer (Mitte Mai bis Mitte August) und fünf Stunden Sonnenlicht im Winter. Es ist ein sehr touristenreiches Ziel, sodass der frühe Morgen und der späte Nachmittag die am wenigsten überfüllten Momente sind.

ANREISE Vom Flughafen Reykjavík aus fährt man mit einem Mietwagen etwa 100 Kilometer auf der Route 35 oder 36, um das geothermische Gebiet zu erreichen. Strokkur und der Große Geysir sind auch die Haltepunkte für Sightseeing-Tagestouren mit dem Bus, die von der Hauptstadt aus abfahren.

REISEGEPÄCK Outdoor-Bekleidung, Thermowäsche und Wanderschuhe, Windjacke, Mütze, Handschuhe, Sonnenbrille. Die Wetterbedingungen sind sehr unterschiedlich, beeinflusst durch Vulkane, sodass es immer ratsam ist, die Wetterprognosen zu kontrollieren und für jede Situation gerüstet zu sein.

SCHWIERIGKEIT Für alle.

WEBSITES
www.visiticeland.com
www.visitreykjavik.is
www.icelandtravel.is
www.islanda.it
www.helo.is
www.re.is/day-tours
the-golden-circle

36 Die Wasserfontäne, die während der arktischen Mitternacht aus dem Strokkur aufgestiegen ist. Das Phänomen, auch bekannt als Mitternachtssonne, gleicht einem endlosen Sonnenuntergang, mit der Sonne, die am Horizont stehen bleibt.

37 oben Ein Geysir-Thermobecken, dessen Bewegungen einen bevorstehenden Sprühregen ankündigen.

37 unten Eine Wasserblase explodiert genau in dem Moment, in dem sie durch den Druck aus dem unterirdischen Becken platzt.

ISLAND

IM HERZEN DER GLETSCHERLANDSCHAFT

EIN SPAZIERGANG ENTLANG DER IN ENDLOSEN BLAUTÖNEN SCHIMMERNDEN HÖHLEN, DIE IN DAS EISKALTE HERZ DER LANDSCHAFT FÜHREN

Eishöhlen: Schon allein die Kombination dieser beiden Wörter schafft Neugierde, Angst, Emotionen und Fantasien. Und die natürlichen Höhlen in Island übertreffen sogar all diese Erwartungen. Weil man in langen natürlichen Tunneln wandert, die sich in den riesigen Eisablagerungen bilden, man wandert in vollkommener Stille, im Frost, in der Zeit. Man tritt vorsichtig in die Höhle ein und wenn das Tageslicht hinter einem verschwindet, bekommt man eine Gänsehaut und das nicht nur, weil es kalt ist. Das Eis schafft geschwungene, scheinbar unnatürliche Linien, Wände, Gewölbe und kristallisierte Wasserfälle. Es könnten Zeichnungen eines Grafikers mit größenwahnsinniger Kreativität

38-39 In der Höhle des Gletschers Svínafellsjökull ist die Farbe auf die vollständige Absorption des Farbspektrums durch das Eis zurückzuführen. Die Ausnahme ist die blaue Farbe: die am stärksten durchdringende Strahlung.

39 Führung durch einen Gletschertunnel. Eishöhlen sind ein natürliches Phänomen in ständiger Entwicklung: Aus diesem Grund ist es notwendig, strenge Sicherheitsregeln einzuhalten.

REISETIPPS

BESTE REISEZEIT Der künstliche Tunnel im Langjökullgletscher ist ganzjährig für Besucher zugänglich und kann vorab gebucht werden. Für natürliche Gletscherhöhlen ist die beste Zeit von Dezember bis Februar.

ANREISE Viele organisierte Ausflüge starten von Reykjavík, der Hauptstadt; zum Langjökullgletscher auch aus dem nahe gelegenen Dorf Húsafell oder vom Klaki-Basislager in der Nähe der Höhlen. Einige von ihnen sind vorübergehend geöffnet und der Besuch wird von erfahrenen lokalen Reiseleitern unter Berücksichtigung der jeweiligen Sicherheitsbedingungen ausgewählt.

REISEGEPÄCK Es wird warme Kleidung empfohlen, die vor Feuchtigkeit, Wind und Regen schützt. Wasserdichte Wanderschuhe, Handschuhe und Mütze. Kamera mit gutem Sensor bei Nacht. Die notwendige Ausrüstung, vor allem Helm, Taschenlampe und Steigeisen, wird von den Organisatoren gestellt.

SCHWIERIGKEIT Geeignet für alle, auch für Jugendliche.

WEBSITES
intotheglacier.is
adventures.is/iceland
www.extremeiceland.is

sein. Die farblichen Kontraste sind atemberaubend: das strahlende Weiß und das tiefe Blau, die absolute Dunkelheit und das kalte Farbenspiel, das durch die Reflexionen und Brechungen des Lichts entsteht. Im Inneren des Gletschers ist die Stille beängstigend, aber wenn man aufpasst und genau hinhört, kann man seiner Stimme lauschen: ein Knirschen, schmelzendes Eis, ein paar Tropfen, ... vielleicht weil das rasante Tempo des Klimawandels das Herz des weißen Riesen erreicht. Sie sehen aus wie alte Riesen, ewig, bewegungslos, aber in Wirklichkeit sind die Gletscher fließende Ströme in langsamer und unaufhörlicher Bewegung in Richtung Tal. Sie entstanden durch die Verdichtung des mehrjährigen Schnees: Der Schnee, der nicht nach jedem Sommer schmilzt, wird durch nachfolgende Schneefälle begraben und durch sein Eigengewicht allmählich verdickt. Aber wenn das Eis unter hohem Druck steht, schmilzt es, um dann, schließlich, wieder in seiner reinen, prächtigen, charakteristischen blauen Farbe zu kristallisieren. Gletscher sind also geschichtete Formationen, die aus Schnee unterschiedlichen Alters bestehen. Diejenigen mit einer größeren Dicke können fast Tausende von Jahren alt sein: Sie sind kurz gesagt mit langen Magnetbändern zu vergleichen, in denen die Klimageschichte des Planeten festgehalten wird. Ein Ausflug ins Innere der

EINZIGARTIGES ISLAND

Island ist aus vielerlei Gründen eine Ausnahme, vor allem wegen der Einzigartigkeit der Phänomene und Landschaften, die durch die Koexistenz eines langen Abschnitts des Atlantikrückens und eines geologischen warmen Bereiches (Hotspot) entstehen. Aus diesen beiden »Rissen« in der Erdkruste fließt glühendes Material heraus. Vor allem ein Hotspot ist ein riesiger unterirdischer Schornstein: Er produziert basaltische Lava, die direkt aus dem Inneren der Erde aufsteigt. Island, ein sehr junges Land mit einem Alter von 20 Millionen Jahren, ist dank all dem aus dem Ozean aufgestiegen und wurde Jahrtausend nach Jahrtausend durch das Feuer des Planeten geformt.

Gletscher ist also auch eine Zeitreise, eine Art »weiße archäologische Expedition« in die Zeit der ersten Bewohner der Insel und noch weiter darüber hinaus. Aus vielerlei Günden eine Abenteuerreise, angefangen bei den Sicherheitsbedingungen - bestimmt durch die saisonalen Schwankungen und die unmerklichen, aber gigantischen Bewegungen des Eises, die nur erfahrene Reiseleiter beurteilen können. Nicht zu verpassen sind die Kristallhöhle im Skaftafell-Nationalpark auf der Südseite der Insel sowie die zahlreichen Höhlen am Vatnajökullgletscher. Weltweit einzigartig ist jedoch der 500 Meter lange künstliche Tunnel, der 2015 direkt im Inneren des Langjökulls, dem zweitgrößten Gletscher der Insel, eröffnet wurde. Dieser befindet sich mehr als 130 Kilometer von Reykjavík entfernt, zuerst nimmt man den Bus und dann einen für extreme klimatische Verhältnisse geeigneten Traktor, mit Allradantrieb und Reifen, die unterwegs drucklos gemacht werden können. Auf diese Weise ist bereits die Fahrt zum Zielort selbst ein Erlebnis.

40-41 Die Höhle durch das Eis von Langjökull: Hier, oberhalb des Kletterers, befindet sich eine 30 Meter dicke Eisdecke.

42-43 Die Mündung der Höhle in dem Gletscher Fjalljökull. Alle Blautöne sind in den Lichtbrechungen der Wände zu sehen.

WO EISBERGE ENTSTEHEN

ENTLANG DER WESTKÜSTE GRÖNLANDS, DER GRÖSSTEN INSEL DES PLANETEN, BIS IN DIE ARKTIS.
FAST 3000 SEEMEILEN, VOM FRIEDHOF DER WALFANGSCHIFFE BIS ZUM POLAREIS AM 80. NÖRDLICHEN BREITENGRAD, DAS AUCH MIT KURZEN KAJAKFAHRTEN ZU ERREICHEN IST.

Es herrscht absolute Stille auf diesem arktischen Meer, das Wasser ist glasklar und spiegelt eine perfekte Ruhe wider. Dies ist selten, wenn man bedenkt, dass man sich hier in der Melville-Bucht, zwischen Westgrönland und der Baffininsel, in der kanadischen Arktis befindet. Man nennt sie die Bucht der Stürme, den Friedhof der Walfangschiffe. Und doch scheint sie vom Kajaksitz aus gesehen überhaupt nicht so gefährlich zu sein. Einige dieser leichten Boote bewegen sich in einer Reihe hinter dem Boot des Reiseleiters. Um einen herum eine surreale Welt aus Eis, das in den kühnsten Gebilden geformt wurde. Es sind kleine Eisberge, Bruchteile von den Riesen, von denen man sich fernhalten sollte. Es sind gefährliche Riesen: 90% ihrer Masse befinden sich unter Wasser, aber die Erosion und der Wind machen sie instabil und gefährlich. Es ist besser, sie zu meiden und im Wald der weißen Zinnen zu paddeln, die an der Wasseroberfläche plötzlich immer imposanter

44 Die im Vergleich zu Wasser höhere Dichte an reinem Eis lässt diese riesigen Eisberge zu 90% ihres Volumens im Wasser schwimmen.

45 Kajakfahrten in der Nähe des unberührten und ruhigen Ikasartivaq-Fjords.

werden. Der regelmäßige Rhythmus des Paddels, unterbrochen durch das Schnauben eines Wals, der in der Stille sehr nah erscheint, führt zu einem Strand aus Kieselsteinen und geschliffenen Eissplittern. Wir legen in Dundas (76° 32' N) an, einem Dorf, das seit 1953 verlassen wurde, als die Amerikaner eine Militärbasis in der Gegend errichteten und die Bewohner evakuierten, die mit von Hunden geschleppten Schlitten einen erzwungenen Umzug 60 km weiter nach Norden erfuhren, wo sich das heutige Dorf Qaanaaq befindet. Die Stätte ist von historischer Bedeutung, da sie die Überreste der »Thule-Kultur« enthält, einer Inuit-Siedlung, die von 1100 bis 1500 aktiv blieb, und weil der dänische Entdecker Knud Rasmussen hier 1910 seine Handelsniederlassung gründete. Man kehrt langsam zum Schiff zurück und bemerkt gar nicht, wie viele Stunden vergangen sind: Die Sonne geht in dieser Jahreszeit nie unter, es ist leicht, das Gefühl der Zeit zu verlieren. Man reist an Bord der *Fram*, dem Post- und Polarkreuzfahrtschiff der norwegischen *Hurtigruten*-Flotte, einem der wenigen Passagierschiffe, die die grönländische Küste hinauffahren. Auf Englisch heißt es Greenland, grünes Land: Vielleicht haben es die Wikinger so genannt, die kurz vor dem Jahr 1000 hierherkamen. Die ersten Entdecker eroberten das Land in einem der Täler des Südens, wo es im Sommer tatsächlich Vegetation gab. Sie blieben 500 Jahre und importierten aus Übersee fast alles, was sie brauchten, von Getreide bis zu Tieren, sogar Holz zum Bauen. Die

REISETIPPS

BESTE REISEZEIT Die beste Zeit ist von Juni bis September, um die kältesten Temperaturen zu vermeiden.

ANREISE Mit dem Flugzeug von Kopenhagen mit Air Greenland.

REISEGEPÄCK Für die Kreuzfahrt: warme und wasserdichte Schuhe, geeignet für Bootsfahrten, winddichte Hose, wasserdichte Jacke, ein warmer Pullover, Handschuhe und Wollmütze. Für Kajakausflüge: thermische Unterwäsche. Überlebensanzüge werden mit dem Kajak beim Verleih bereitgestellt.

SCHWIERIGKEIT Diese Gewässer sind eiskalt, da ist es besser. mit dem Kajak nicht umzukippen. Obwohl der Reiseleiter garantiert, dass die Touren nur bei hervorragenden Wetterbedingungen stattfinden, sollte man Erfahrung mit dem Kajakfahren auf offener See haben.

WEBSITES
www.greenland.com
www.kangia.gl
global.hurtigruten.com
www.ilviaggio.biz
www.airgreenland.com

Lebensbedingungen in Grönland sind nicht einfach und es erfordert ein Zusammenspiel mit der Umwelt, das die Wikinger nie gekannt haben: Für sie blieb dieses Land, obwohl es grün war, immer feindlich. Heute reist man nach Grönland, um die Gletscher zu sehen, die in den Ozean eintauchen, für die großen Eisberge (genau hier soll der tragische Zusammenstoß mit der *Titanic* stattgefunden haben), die überall schwimmen, vergänglich wie Gedichte, die ins Wasser geschrieben wurden, Riesen, die dazu bestimmt sind, zu verschwinden, ohne Spuren zu hinterlassen. Seit 2004 gehört der Ilulissat-Eisfjord zu dem UNESCO-Weltkulturerbe.

46 Eisblöcke, die durch Erosion und Schmelzen geformt wurden, werden von der Meeresströmung angetrieben.

47 oben Das Bewegen mit dem Kajak zwischen den Eisbergen erfordert eine gute Kapazität und Kontrolle des Bootes und die Anwesenheit eines erfahrenen Reiseleiters, der weiß, wie man die Bedingungen des Eises erkennt und interpretiert.

47 unten Das natürliche Phänomen des blauen Eises tritt auf, wenn sich der Schnee verdichtet und Teil des Eisbergs selbst wird. Die Innentemperatur eines Eisbergs variiert zwischen -15 und -20 °C.

BEZAUBERNDE UND FEINDLICHE DANAKIL-SENKE

BRENNENDE LANDSCHAFTEN, TROCKENE SALZFLÄCHEN, EWIG AKTIVE VULKANE UND SCHWEFELHALTIGE GEYSIRE, DIE VON HEISSEM WASSER GESPEIST WERDEN, DALLOL UND ERTA ALE, ALBTRÄUME VOLLER FEUER, DIE SICH OHNE RÜCKSICHT ZEIGEN.

Der Besuch der Danakil-Senke bestätigt, dass es sich um ein lebendes Wesen handelt: Tag für Tag treten große geologische Phänomene auf. Man spürt, wie die Erde unterden Füßen vibriert, man beobachtet die tanzenden geysirartigen Wasser, man sieht, wie der Schwefel verdampft und die Eisenoxide sich zwischen den Gewässern der mit Schaum bedeckten Seen ansiedeln und sich die Lavawellen der

48 Mineralienablagerungen aus der Danakil-Senke. Durch die Aktivität von drei verschiedenen tektonischen Platten liegt diese Senke mehrere Meter unter dem Meeresspiegel.

48-49 Schwefelhaltige Quellen im hydrothermalen Ort Dallol, einem der heißesten Orte der Welt.

REISETIPPS

BESTE REISEZEIT Die beste Reisezeit ist zwischen November und Ende Januar; mit einer Durchschnittstemperatur von 34,4 °C ist die Danakil-Senke der wärmste Ort in Afrika. Die Temperaturen bei den Ausflügen variieren von 25 °C zwischen September und März, der Regenzeit, bis 48 °C, mit extremen Spitzen von 80 °C, zwischen April und August, der Trockenzeit.

ANREISE Die Straße von Addis Abeba, mehr als 2000 Meter hoch, hinunter zum Großen Afrikanischen Grabenbruch ist eine gut asphaltierte befahrbare Straße, die die Wüste zum Afrera-See durchquert. Von hier aus schlängeln sich die Routen auf staubigen und unebenen Wegen, mit Strecken abseits der Piste in schwierigem Gelände. Es ist ratsam, sich an spezialisierte Agenturen zu wenden, die von lokalen Reiseleitern und bewaffneten Begleitpersonen begleitet werden; man darf nur an den entsprechend von der Polizei freigegebenen Plätzen campen.

REISEGEPÄCK Praktische und sportliche Kleidung, leichte Trekkingstiefel, Stirnlampe, Medikamente für den persönlichen Gebrauch, die nicht vor Ort erhältlich sind. Ein Antimalaria-prophylaxe wird empfohlen.

SCHWIERIGKEIT Harte und anspruchsvolle Reise, anstrengende Gehstunden bei sehr hohen Temperaturen, notwendige Anpassungsfähigkeit an eine nicht gastfreundliche Gegend. Nicht für Kinder geeignet.

WEBSITES www.ethiopia.travel, www.dankalia.com, etiopia.amitaba.net, www.kailas.it

50 Feuershow des Erta Ale, ein Vulkan, der 600 Meter über dem Meeresspiegel im Vergleich zur Salzfläche liegt. Dieser liegt in der Mitte des gleichnamigen Gebirges, an dessen Hängen Korallensedimente auftauchen, die davon zeugen, dass dieses Gebiet einst vom Roten Meer bedeckt war.

51 Trotz der anstrengenden Bedingungen (in den heißesten Perioden erreichen die Temperaturen 50 °C) arbeiten Äthiopier noch heute in den Minerallagerstätten.

Vulkane an den felsigen Stränden brechen. Hier beginnt die afrikanische Reise durch den Großen Afrikanischen Grabenbruch, wo sich drei tektonische Platten überschneiden. Zwischen der Danakil-Senke und Dschibuti entfernt sich Afrika jährlich um zwei Zentimeter von der Arabischen Halbinsel und driftet mit der »erstaunlichen« Geschwindigkeit von sechs Millimetern im Jahr ab. In fast 30 Millionen Jahren wird ein neues Meer Ostafrika vom Rest des Kontinents trennen. Und die Danakil-Senke wird auf den Grund des Ozeans zurückkehren.

Die gesamte Danakil-Senke ist gewissermaßen ein gigantischer Kontaktpunkt mit der Natur und das Herzstück dieses Urreservats ist die Salzwüste, die bis nach Eritrea reicht. Das Reservat misst etwa 1200 Quadratkilometer, von denen die Hälfte aus der Salzfläche besteht. Seit Jahrtausenden transportieren die Dromedare von hier aus etwa 300 Tonnen Salz auf die Hochebene. So viel Salz, weil die Danakil-Senke ein Meeresboden ist, der vor etwa 200 000 Jahren ausgetrocknet ist und somit zu einer Wüste wurde, die über 100 Meter unter dem Meeresspiegel liegt. In dieser Ecke der Erde warten jedoch vor allem zwei Monster auf die Neugierigen und die Mutigen: der Dallol, ein Vulkankrater, auch das »Land der Geister« genannt, er ähnelt eher einer chaotischen Palette eines verrückten Malers, und der Erta Ale, der Vulkan, der den Atem der Erde spüren lässt. Um sie herum ist das Land mit Mineralien bedeckt. Kristallisiertes, verfestigtes und flüssiges Eisen, Schwefel, Magnesium und Natriumoxid ergeben eine Landschaft mit gelben, grünen und ockerfarbenen Schattierungen, die sich nahtlos miteinander vermischen. Eine außerirdische Landschaft, in der man sich vorsichtig bewegen sollte und trotz des Staunens den Mund nicht offen halten sollte. Der Dallol ist ein satanisches Wesen. Das Ergebnis eines kreativen Naturwahnsinns, ein Konzentrat aus dem ursprünglichen Erdsaft. Alles kocht, bewegt sich, zerfällt, verdampft, entwickelt sich. Pure Fantasie, Farbe, unruhige Schönheit. Für die Geologen ist es ein eingestürzter Vulkan, der an der Oberfläche in Form von endlosen kleinen Geisern entstanden ist, die von der magmatischen Schicht gespeist werden. Hier verändert sich die

DIE AFAR UND DER SALZHANDEL

An dieser Feuergrenze entschlossen sich die Afar, (»freie Männer«), ein Volk kuschitischer Herkunft muslimischen Glaubens, vor tausend Jahren am Ender einer großen Auswanderungswelle, sich hier niederzulassen und die Strenge und Schönheit, Schroffheit und Widerspenstigkeit, ewige Stille und plötzliche Freigiebigkeit dieses Landstrichs anzunehmen. Eineinhalb Millionen Menschen in Nomaden-Clans, verloren in einer Halbwüstenregion, in der nur kleine Dracaena-Bäume und Sukkulenten wachsen können. Eine Wahl, die die Afar dazu gebracht hat, ihre Lebensweise untrennbar mit der Kartierung von Wasserbrunnen und saisonalen Weiden zu gestalten. Ihr wirtschaftliches und soziales Gleichgewicht hat den Rhythmus der Regenfälle. Und Salz: eine Arbeit, die einen enormen Aufwand kostet, aber die seit Jahrtausenden einen wertvollen Handel garantiert.

52-53 Eine Überlappung von Salzplatten am Karoum-See. Dank des Regens, der die Oberfläche aufgeweicht hat, können die Bergleute leichter arbeiten.

53 oben Einige Arbeiter bei der Arbeit zur Gewinnung von Salzsteinen. Im 6. Jahrhundert schrieb der ägyptische Historiker Kosmos, dass die Könige der Stadt Axum Salz gegen Gold tauschten. Auch wenn es heute der Preis für Salz gesunken ist, garantiert es stets einen guten Handel.

53 unten Eine Karawane von Dromedaren transportiert Salzblöcke auf den Makalle-Markt: Für viele Stämme der Afar ist Salz eine wichtige wirtschaftliche Quelle.

Landschaft ständig. Neue Formationen und Konkretionen wachsen, vermischen sich, verdicken, bilden Zapfen und Seen. Plötzlich entstehen Mikrovulkane aus dem Nichts, spucken Dämpfe und Wasser und zerfallen dann in sich selbst.
Die Seen gehören zu den unglaublichsten Spektakeln, denn die sauren Farben mischen sich unter die Bewegungen des Wassers, mal grün oder mal gelb, dann unter aufsteigendem Dampf mit dem weißen Schaum des Schwefels. Der »rauchende Berg«, der Erta Ale, befindet sich auf einem Höhenunterschied von etwa 600 Metern zur Salzfläche. Der älteste aktive Vulkan der Welt ist nur zu Fuß erreichbar und gehört zu den vier Vulkanen weltweit, in deren Krater die Lava niemals aufhört zu brodeln. Der Ausflug dauert etwa drei Stunden. Die einzigen Lebensformen sind die Wurzeln von weichen grünen Sträuchern und ein paar Akazienbäume. Vor den Wanderern schreiten die Kamele, die mit Matten und Nahrung bepackt sind, da man auf dem Gipfel des Vulkans kein Dorf findet, sondern nur wenige unbewohnte Hütten, die vor dem Wind der Nacht schützen. Der Beginn der Tour erfolgt immer mitten in der Nacht (tagsüber wäre die Hitze unerträglich), führt durch Mondlandschaften und ein malerisches Panorama. Ein unverwechselbares Abenteuer. Der Erta Ale ist ein klassischer Schildvulkan, die Temperatur von 1200 °C erlaubt es dem Lavasee im Krater, einen permanenten flüssigen Zustand aufrechtzuerhalten. Man steigt mit einem steilen Abstieg in den Krater hinab und überquert dann in 20-30 Minuten einige Flüsse, bis man den Lavasee erreicht, dessen Durchmesser 80 bis 100 Meter beträgt.
Nachts ist der Blick auf die brodelnde rote Lava in dem Krater hypnotisierend und höchst beeindruckend.

TREFFEN MIT DEN BERGGORILLAS

IN DEM UNDURCHDRINGLICHEN WALD ÄQUATORIALAFRIKAS LEBT DIE PRIMATENART GORILLA BERINGEI BERINGEI, EIN SANFTER RIESE, DER SICH AUSSCHLIESSLICH VON VEGETARISCHER KOST ERNÄHRT.

Es sind Primaten, die sich hauptsächlich von Kräutern, Blüten, Wurzeln und Trieben ernähren, zwischen 100 und 150 Kilogramm wiegen und Bewegungen aufweisen, die denen des Menschen ähneln. Berggorillas haben kürzere Arme und längere Haare als andere Unterarten und sie leben in Gruppen von etwa dreißig Personen, die von einem männlichen Alphatier beherrscht werden, das die Naturforscher Silberrücken nennen, weil er auf dem Rücken einen silbergrauen Streifen hat. Der Anführer beaufsichtigt alles, einschließlich der Verteidigung, und führt die »Familie« auf einer Fläche zwischen zwei und vier Quadratkilometern. Für den menschlichen Besucher ist das beunruhigendste Merkmal

54 Gegenseitige Anziehungskraft: Junge Touristen beobachten einen Gorilla im Vulkanpark in Ruanda, dessen Vegetation hauptsächlich aus Regenwald und Bambus besteht.

54-55 Eine Familie von Berggorillas entspannt sich: Während der Regenzeit ist es einfacher, ungestört in der freien Natur zu essen.

REISETIPPS

BESTE REISEZEIT Es ist ratsam, die Monate April und Mai zu vermeiden, dann ist Regenzeit.

ANREISE Der dem Park am nächsten gelegene Flughafen ist der Flughafen Kigali. Es ist ein 30-tägiges Einreisevisum erforderlich. Der Transfer von der Hauptstadt in den Bezirk Musanze, Ruhengeri, im Nationalpark der Vulkane, erfolgt mit dem Bus und dauert etwa zwei Stunden.

REISEGEPÄCK Robuste Wanderschuhe, Teleskopstöcke, Ersatzteile und Getränke, leichte Snacks, Sonnenschutz, Hut und Fernglas, leichte Regenjacke.

SCHWIERIGKEIT Mittel. Man muss von zwei bis acht Stunden Wanderung im Regenwald mit seinem heißen und feuchten Klima ausgehen

WEBSITES
www.virunga.org
www.rwandatourism.com
www.gorillanestlodge.com
www.fivevolcanoesrwanda.com
lebambougorillalodge.com

von Berggorillas die Nähe der Ahnen, die sich in Gesten, dem Gang, Bewegungen, Gesichtsausdrücken, Blicken äußert. Einschließlich der Tatsache, dass ihre Schwangerschaft neun Monate dauert und dass die Kinder von drei bis sechs Jahren die ganze Zeit spielen und trotzig werden. Das fasziniert oder ist beängstigend. Darwin und seine Theorien berühren, im Primaten einen entfernten Verwandten zu sehen, einen Spiegel, mit dem wir eine offensichtliche Verbindung haben. Es gibt nur noch so wenige Hundert Exemplare, dass die Population seit Langem in die Rote Liste der IUCN (International Union for Conservation of Nature) aufgenommen wurde, mit dem Vermerk »Gefahr des Aussterbens«, der Arten betrifft, die unter 2500 fruchtbaren Exemplaren liegen. Berggorilla zu sagen, heißt an Dian Fossey zu erinnern, die amerikanische Primatologin, die 1966 nach Ruanda gezogen war, um sie zu studieren, und die bis zu ihrem gewaltsamen Tod 1985 mit ihnen lebte. Als sie – auf Einladung des Paläontologen Louis Leakey und finanziell von der National Geographic Society unterstützt – ankam, war für die Einheimischen »die allein im Wald lebende Frau« eine merkwürdigeErscheinung. Dass sie allein lebte, das Verhalten der Tieren studierte und sie schützte, wurde kaum toleriert. Aber wie Jane Goodall sagte, würde es ohne Dian Fossey keine Berggorillas mehr geben. Ihre Forschungsarbeit war in der Tat die Basis für

56 Ein Silberrücken, männliches Alphatier, zeigt seine Zähne. Der Gorilla ist sehr nahe an der evolutionären Ebene des Menschen. Nach Ansicht einiger Wissenschaftler teilen sie 98% der DNA.

57 oben Zwei männliche Exemplare stehen sich gegenüber. Ein besiegtes Männchen ist zu einem einsamen Leben verdammt.

57 unten Ein Gorilla führt seine Familiengruppe durch den Virunga-Wald auf 2610 Metern Höhe.

58 Touristengruppen, die auf den Wegen des Parks auf der Suche nach den Berggorillas wandern. Der Mensch hat nichts zu befürchten, der Gorilla greift nur an, wenn er provoziert wird.

59 Ein Gorilla, der posiert, lässt sich von Touristen verewigen und belohnt sie für den langen Spaziergang. Dian Fossey hat immer dafür gekämpft, die Ruhe der Primaten in ihrer natürlichen Umgebung zu schützen und die Unannehmlichkeiten, die ihnen durch den Massentourismus entstehen, stark zu begrenzen.

alle weiteren wissenschaftlichen Studien und führte zur Gründung des Zentrums Karisoke, das im Wald zwischen zwei Vulkanen errichtet wurde. Gorillas sind die Attraktion, aber wenn man ein wenig umherschaut, ist die Umgebung außergewöhnlich. Das Great Rift Valley ist die Zone der Trennung zwischen der arabischen und afrikanischen Erdplatte, einer Spalte, die vom Jordantal bis nach Mosambik reicht; der westliche Zweig, die Albertine-Verwerfung, hat die Vulkankette Virunga, die Rwenzori-Berge (5109 Meter) und die großen Seen erzeugt. Bereiche mit einer außergewöhnlichen Vielfalt von Landschaften, von den Sümpfen bis zu den schneebedeckten Feldern, von den Lavaebenen bis zu den Savannen an den Hängen der Vulkane. Es gibt eine sehr reiche Fauna, von Bergelefanten über Flusspferde bis zu den sibirischen Vögeln, die dort überwintern. Und nicht zu vergessen, dass hier 1925 der erste afrikanische Nationalpark entstanden ist, der kongolesische Virunga-Nationalpark, und die Gegend ist eine Symbiose von Naturschutzgebieten, dem Park der ruandischen Vulkane und dem Nationalpark Rwenzori Mountains in Uganda. Eine raue Umgebung, vor allem wegen der großen zerstörerischen Tätigkeit des Menschen, von der Jagd auf Tiere bis zur Wilderei, dem Fällen von Bäumen mit der daraus folgenden Zerstörung von Lebensräumen, ohne die zahlreichen Kriege und die Vertreibung der Bevölkerung zu berücksichtigen. Ein dramatischer Rahmen für ein außergewöhnliches Szenario. Nach dem Bürgerkrieg in Ruanda hat der Park seine Arbeit wieder aufgenom-men, und seit 1999 begleiten die Ranger ein internationales Publikum, um die Tiere in ihrem Lebensraum zu sehen. Es beginnt um sieben Uhr morgens in Achtergruppen, angeführt von einem Ranger. Alle müssen seinen Anweisungen befolgen und dürfen keine eigenen Initiativen ergreifen. Man betritt den Wald entlang der Wege in der feuchten Hitze, die sie wie die Blätter der Bäume umgibt. Das Warten ist groß und die Enttäuschungen kann ebenfalls groß sein: Die zehn Gorillafamilien ziehen umher, um Nahrung zu finden, und sind zeitweise untergetaucht. Die Tour erfordert Geduld, doch der Ranger wird alles dafür tun, um sie zu finden. Wenn man den Tieren dann endlich gegenübersteht, kann man ihre Grimassen und Gesten studieren. Imposant sind die Muttertiere mit ihren Kleinen, die einen Teil der 34 Kilogramm pflanzlicher Nahrung beanspruchen, die ein männlicher Gorilla täglich verspeist. Sie posieren nicht für Fotos und scheren sich nicht um Selfies, und sie lassen sich nicht durch die Anwesenheit von Menschen stören, solange die Anzahl der Besucher überschaubar bleibt. Manchmal halten sie einen Blick, als ob sie fragen, wer diese blassen und haarlosen Wesen mit den ähnlichen Bewegungen sind.

AM RANDE DES ABGRUNDS – DIE VICTORIAFÄLLE

DIE MAJESTÄTISCHSTEN WASSERFÄLLE DER WELT HAUTNAH, EINGEHÜLLT IN WASSERSCHLEIER UND UMGEBEN VON REGENBÖGEN: IM TEUFELSBECKEN.

Ein Fall von 110 Meter Tiefe bei 1700 Meter Breite. Der größte Wasservorhang der Erde trennt Sambia von Simbabwe und reißt den 2500 Kilometer langen Sambesi auf seiner Fließstrecke von den Quellen im Nordosten Sambias bis zur Mündung im Indischen Ozean entzwei. Der große Strom ist der Protagonist dieses Abenteuers. So auch für David Livingstone an jenem 16. November 1855, als er an Bord seines Einbaums vom furchtbaren Getöse der fallenden Wassermassen überrascht wird. Angekündigt von Gischtwolken aus

60 Die Victoriafälle beobachtet von der Seite Sambias aus. In der Mitte des 19. Jahrhunderts war es der Entdecker David Livingston, der den Namen zu Ehren der Königin von England wählte.

61 Der Devil's Pool, das Naturbecken am Rande des Abgrunds. Dieser natürliche Pool ist in der Regel von August bis Dezember erreichbar, wenn der Wasserstand und das Niveau des Sambesi geeignet sind.

62-63 Die Vorderkante der Victoriafälle ist fast zwei Kilometer breit.

63 oben und unten Die extremen sportlichen Aktivitäten, die unter voller Gewährleistung der Sicherheit stattfinden, haben den Zustrom von Touristen zu den Wasserfällen seit den 1980er-Jahren des 20. Jhs. verstärkt.

REISETIPPS

BESTE REISEZEIT Die am besten geeigneten Monate sind August, September und Oktober.

ANREISE Der nächstgelegene Flughafen istVictoria Falls International Airport, ca. 20 km von den Wasserfällen entfernt.

REISEGEPÄCK Bequeme Schuhe, die nass werden können (Surfschuhe), wasserdichte Tasche, Badekleidung, Sonnenschutz, wer möchte: wasserdichte Aktionkamera.

SCHWIERIGKEIT Die Erfahrung erfordert Geschicklichkeit im Schwimmen und keine Angst vor der Tiefe, auch wenn die Reiseleiter sehr aufmerksam sind.

WEBSITES www.zambiatourism.com, www.victoriafalls-guide.net, victoriafallstourism.org, www.ilviaggio.biz

bis zu 40 km Entfernung, gehüllt in Dutzende Regenbogen und mit Wassermengen von bis zu 9000 Kubikmetern, die über den Rand in die Tiefe schießen, gehören die Victoriafälle auch heute noch zu den spektakulärsten Naturschauspielen Afrikas. Das UNESCO-Weltnaturerbe ist Teil des 66 Quadratmeter großen Mosi-oa-Tunya-Nationalparks (»Donnernder-Rauch-Nationalpark«), der die Wasserfälle sowie etwa zwanzig Kilometer des Flusses auf Sambias Seite umfasst. Im Park leben auch Nilpferde, eine große Vielfalt von Antilopen sowie Büffel, Zebras, Giraffen und Elefanten. Die klassischsten Aufnahmen der fallenden Stromschnellen stammen aus Simbabwe.

Von dort führen Pfade durch den dichten Regenwald bis zum Rand des Abgrunds. Für Nervenkitzel sorgt hier der Danger Point, eine winzige, rutschige Terrasse direkt am Schlund. Das eigentliche Abenteuer erwartet Besucher aber in Sambia und beginnt am Steg des luxuriösen Royal Livingstone Hotel. Während der Trockenzeit erreicht man von dort bei guten Wetterbedingungen per Motorboot die Livingstone-Insel. Nur die Mutigsten schwimmen weiter zum Devil's Pool, ein natürliches Bassin an der Kante des Wasserfalls, das bei niedrigem Wasserstand zum Baden genutzt werden kann.

Dieses Erlebnis ist nur guten Schwimmern vorbehalten, da die Rückkehr zur kleinen Insel im Zickzack geschwommen wird, damit die Reiseleiter so den Gefahren des Stroms vorbeugen können. Das Gefühl, über den Rand der majestätischen Wasserfälle in die Tiefe zu blicken, ist unbeschreiblich. Das Wasser ist hier flach und seicht genug, um nicht sofort über die Kante in den reißenden Abgrund gespült zu werden. Im Laufe der Zeit hat der Fluss hier ein kleines Becken gebildet, in dem die Beine Platz haben, während die Arme auf dem rauschenden Schlund liegen. Ringsherum bilden sich durch den aufsteigenden Sprühnebel so dicht vor einem Regenbögen, dass man glaubt, sie berühren zu können. Die Reise sollte nicht in der Hauptsaison in Angriff genommen werden, um sich von den Reiseleitern, die Gruppe um Gruppe zum teuflischen Bad führen, nicht zur Eile gezwungen sehen. Die perfekte Abrundung des Abenteuers ist eine Fahrt an Bord der Boote, die den Sambesi flussaufwärts fahren.

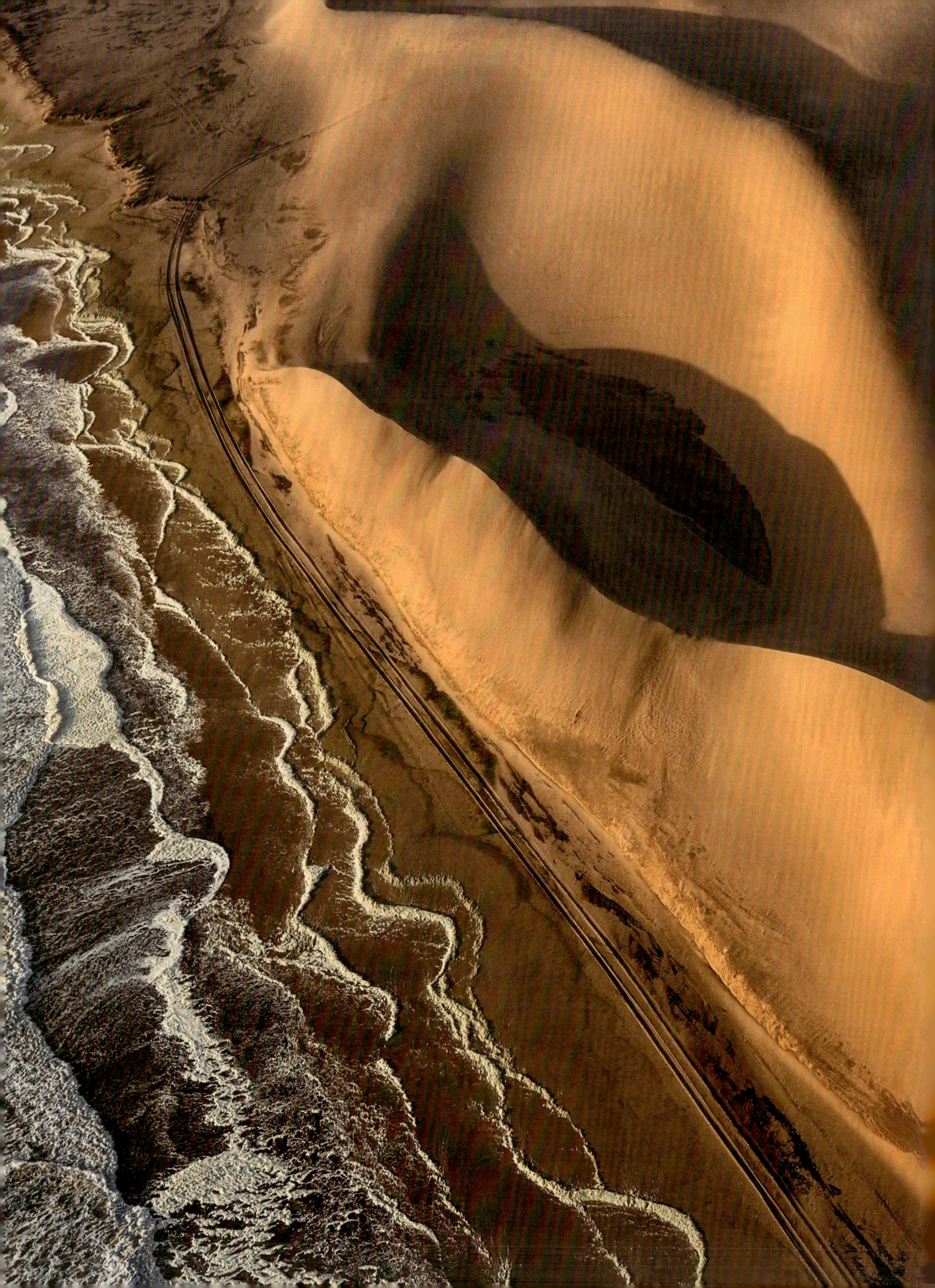

DIE WILDEN DÜNEN DER SKELETTKÜSTE

NEBEN DEN KALTEN ATLANTISCHEN GEWÄSSERN, DEN LANGEN, WILDEN STRÄNDEN UND DER FARBENFROHEN DAHINTER LIEGENDEN WÜSTE BIETET DER SAND EINE ZUSÄTZLICHE ÜBERRASCHUNG: ER SPIELT EIN EIGENES, ENDLOSES LIED.

Namibia: Spiel mir das Lied vom Tod. Die Dünen an der namibischen Skelettküste singen. Zuzuschreiben ist der unheilvolle Name der lebensfeindlichen Landschaft, der sich Schiffsbrüchige hier gegenübersahen: 400 Kilometer Küste ohne Trinkwasser vor 16 000 Quadratmetern Wüste. Eine tödliche Mischung, die nichts anderes als »Skelette« hervorbringen kann, angefangen bei den verrosteten Schiffsskeletten in unmittelbarer Ufernähe. Wenn die Schiffsbrüchigen dann verrückt vor Sonne und

64-65 Großartige Luftaufnahme der Skelettküste, mit den Wellen des Atlantiks, die die Wüste berühren. Auf dem Weg über die Dünen scheint man auf einem Wüstenlöwen zu reiten.

65 Die massiven Sandberge der Erongo-Region, nahe Swakopmund, weiter südlich als die Skelettküste und stets am Meeresufer, können auch von Quads besucht werden.

66 oben Ein Wüstenelefant spaziert im Flussbett des saisonalen Hoarusibs. Diese Elefanten können 60 Kilometer pro Tag auf der Suche nach Nahrung zurücklegen, Löcher in das trockene Flussbett graben, um Wasser zu finden, und bis zu vier Tage überleben, ohne zu trinken.

67 Ein Geländewagen auf den Dünen der Skelettküste. Nur mit einem Allradfahrzeug ist es möglich, über so imposante und heimtückische Dünen zu klettern.

REISETIPPS

BESTE REISEZEIT Das ganze Jahr über, ausgenommen der Regenzeit zwischen Januar und Anfang April.

ANREISE Lokale Fluggesellschaften, die vom Flughafen der Hauptstadt Windhoek abfliegen, bringen Besucher zum einzigen Camp in der Gegend der Hoanib-Skelettküste innerhalb des Parks. Für die Einreise benötigt man eine Genehmigung, da es sich um ein von der Regierung verwaltetes Gebiet handelt. Reiseleiter mit Geländewagen begleiten die Reisenden während des gesamten Besuchs.

REISEGEPÄCK Geeignete Kleidung, Wanderschuhe, Teleskopstöcke, Fernglas, Hut, Sonnenbrille.

SCHWIERIGKEIT Zugänglich für alle.

WEBSITES www.namibiatourism.com.na, www.wilderness-safaris.com

66 Ein Kind gleitet über die Dünen und wird von einem neugierigen Erdmännchen, einem kleinen Wüstenmangusten, beobachtet.

Durst in die Wüste zogen, vernahmen sie das Singen der Dünen und verfielen dem Wahnsinn vollkommen. Bereits Marco Polo berichtete aus der Wüste Gobi von donnerndem Sand, bösen Wüstengeistern, die die Luft mit »Trommeln oder Waffenlärm« füllten.

Unter den weltweit etwa 30 Orten, an denen es singende Sanddünen gibt, ist die Skelettküste wohl einer der eindrucksvollsten. Hier wandert, rennt, rutscht man die Dünen zum Klang des Sandes hinunter. Doch wie entstehen der »Gesang« oder die Brummtöne? Die Dünen der Skelettküste sind relativ niedrig und der Sand fein. Die Windeinwirkung ist unregelmäßig. So entstehen unberechenbare Muster, Kurven, Unebenheiten, Anhäufungen und Vertiefungen. Wenn der Wind den Sand an die Dünenspitze weht, sammelt sich dieser im Windschatten. Der Sand bewegt sich nicht mehr und findet dort seine »Ruheecke«. Bestimmter Sand reagiert dabei auf unvorhersehbare Weise. An manchen Stellen – wenn ein hoher Luftanteil und geringe Feuchtigkeit des Sandes zu verzeichnen sind – entsteht beim Fall von der Ruheecke ein heftiges Donnern. Es reicht, dass wenige Sandkörner fallen oder herabrieseln, damit durch Reibung eine Resonanz erzeugt wird, die sich schnell auf die gesamte Düne ausbreitet. So entstehen Stehwellen, die sich gegenseitig verstärken. Manchmal synchronisieren sich die schwingenden Sandkörner und breiten sich auf die ganze Düne aus, die vibriert wie ein Musikinstrument. Die dabei entstehenden Töne hängen von der Größe der Sandkörner ab. Der Klang wird zudem vom unteren Dünenteil, der wie

Die Oase dient dem Körper und die Wüste der Seele.

Afrikanisches Sprichwort

68 Gemsböcke, südafrikanische Oryxantilopen, sind in diesem Teil Namibias zahlreich vorhanden und repräsentieren das Land im Staatswappen. Das elegante Tier, das größte der Oryxantilopen, besitzt 85 cm lange Hörner; ein männliches Tier kann bis zu 200 Kilogramm wiegen.

69 Die Spuren der Zwergpuffotter. Diese kleine Giftschlange, die sich unter dem Sand versteckt und von der nur die Augen und die Schwanzspitze zu sehen sind, ernährt sich von Echsen.

ein Resonanzkörper wirkt, verstärkt. An der Skelettküste sagt man, würden sie brüllen wie ein hungriger Löwe. Wahrscheinlich ist es aber nur die Suggestivität des Ortes.

Die Klänge jedenfalls sind immer anders. Manchmal erinnern sie an das Mahlen von Getreide, das Rauschen eines Wildbachs oder fallende Perlen. Das Zischen einer Schlange, die kurz vor dem Angriff steht, oder raschelndes Papier. Doch es geht auch noch imposanter: der rasante Trommler einer Band oder ein Donner während eines Sommergewitters. Vielleicht sind es auch die Seelen der Schiffbrüchigen der Skelettküste, der Geist der Erde oder der Gott der Dünen.

Jeder soll sich sein eigenes Bild davon machen. Sicher ist, dass die Töne der Sandkörner irgendwann verebben, und zwar nach Abnutzung der Siliziumschicht.

DIE ÄLTESTE WÜSTE DER WELT

Magnetit, der wie Puderzucker auf das Tal verteilt ist, um die Erhebungen zu definieren, wie man es mit der Holzkohle auf dem Zeichenpapier macht; rote und schwarze Feldspalte wie auf einem Sandboden; Sand, Kieselsteine und Felsbrocken verschiedener Größe wie in einem Musterbuch. Die Kopje, beziehungsweise Granithügel, sind erodiert, durchbrochen, von Flechten bedeckt, voller Löcher und bilden bogenförmige Gebilde. Präzise geschnittener Basalt, glatte Wände, die wie Ebenholz in der Sonne leuchten. Quarz und Quarzit, die die Wüste zum Funkeln bringen wie das Sternengewölbe oder eine prickelnde Party. Quarzadern im Granit, die durch Druck kristallisiert werden. Der Glimmer ziert die dunklen Farbtöne und schwarzen Linien aus Dolerit, die das Schmuckstück der Wüste sind. Die älteste Wüste der Welt, achtzig Millionen Jahre ist sie alt und ist stets ein erstaunliches Vergnügen.

DIE MILCHSTRASSE ÜBER DEM NICHTS

DIE GROSSE KURVE DER GALAXIE DURCHQUERT DIE KLARE NACHT DER NAMIBWÜSTE, ÜBER EINER KARGEN LANDSCHAFT, DIE SICH SO WEIT ÜBER DEN HORIZONTEN ERSTRECKT, DASS ES UNGLAUBLICH ERSCHEINT.

Die riesigen unbewohnten Flächen Namibias sind frei von Smog und Lichtverschmutzung, den beiden Elementen, die die Sichtbarkeit der Himmelskörper beeinträchtigen. Mit Ausnahme der Nachtnebel an der Atlantikküste ist die Luft dank der Trockenheit des Klimas, die die Konzentration der Luftfeuchtigkeit minimal hält, extrem klar. Vor allem in den Bergen des Landesinneren, in Höhen zwischen 1500 und 2000 Metern, macht die Höhe die Atmosphäre noch dünner und kristalliner. So sind in den Ketten des Damaralandes einige Einrichtungen – Hotels oder Zeltlager – entstanden, die mit Teleskopen auf Amateur- oder wissenschaftlichem Niveau ausgestattet sind: Hier können Enthusiasten oder einfach nur neugierige Touristen die Nächte damit verbringen, den Südhimmel zu erkunden, während die Wüste Namib schläft und auf einen weiteren Tag wartet. Die Eindrücke sind vielfältig und verändern sich während der Nacht. Allein, vor dem Sternenhimmel. Begeistert von der Idee der Unwissenheit, die dem Universum vorbehalten ist, kleine grüne Marsmännchen, mit denen man kommunizieren könnte, oder Gravitationsspiele, die die Barriere der Zeit durchbrechen können. Um einen herum, nur Dunkelheit wenige Geräusche, die von dem fast unbewohnten Berg kommen, kaum eine Bewegung. Angst, Freude, Neugierde. Sterne ohne Ende. Unter den anderen unendlichen Himmelskörpern sticht das Kreuz des Südens hervor, Protagonist von Tausenden Erzählungen über das Meer.

70 und 71 Namib-Naukluft-Nationalpark: Die Milchstraße leuchtet auf den Baobabs und Bäumen des Aloe-Dichotoms, einer für die Wüsten des südlichen Afrikas typischen Vielfalt von Aloe-Pflanzen, die bis zu 7 Meter hoch sind; sie werden auch »Köcherbaum« genannt: Mit ihren Zweigen und Blättern bauen die Buschleute Köcher.

REISETIPPS

BESTE REISEZEIT Der Winter auf der Südhalbkugel, trocken und relativ kalt, reicht von Juni bis September und ist die angenehmste Jahreszeit, obwohl die täglichen Temperaturschwankungen erheblich sind: Nachts kann das Thermometer auch unter null sinken.

ANREISE Der nächste internationale Flughafen ist Windhoek, etwa 200 km von der Wüste entfernt. Am Eingang des Namib-Naukluft-Nationalparks angekommen, kommt man mit den Shuttles oder mit dem Mietwagen weiter. Es gibt nur wenige asphaltierte Straßen, aber dank der geringen Niederschläge sind die meisten Trampelpfade in ausgezeichnetem Zustand und können das ganze Jahr über genutzt werden. Die Entfernungen sind beträchtlich, aber es gibt wenig Verkehr.

REISEGEPÄCK Bekleidung für ein sommerliches Klima, ohne eine windfeste Jacke für die Nacht zu vergessen. Gute Wüstenschuhe und alles, was man für Wanderungen oder Jeepfahrten an heißen, trockenen Tagen benötigt.

SCHWIERIGKEIT Zugänglich für alle.

WEBSITES
www.etendeka-namibia.com
www.tivoli-astrofarm.de/htm_e/e_guestfarm/e_anfahrt.htm
www.hakos-astrofarm.com

Es ist der himmlische Kompass der Schiffe auf hoher See und der Karawane auf den Dünen der Wüsten. Dann Beteigeuze, Rigel und Bellatrix, die drei hellsten Sterne im Sternbild Orion mit seinem dreiteiligen Gürtel. Oder Sirius, der der Linie folgt, die durch den gleichen Gürtel gekennzeichnet ist. Sirius, der Weiße, der Glänzende, der Hellste aller irdischen Himmelskörper.

72 oben und unten Einsamkeit, einige natürliche Silhouetten am Horizont und die Welt, die nur von den Sternen beleuchtet wird.

73 Dieses Bild der Milchstraße wurde mit einer sehr langen Belichtungszeit aufgenommen, die sich auf Gacrux und Acrux, Sterne des Sternbildes Kreuz des Südens, und die namibische Nacht konzentriert.

EINIGE ZAHLEN ÜBER DIE MILCHSTRASSE

Eins Komma vierzehn Milliarden Sterne. Ausgeschrieben wird ist es eine zehnstellige Zahl, die mit eins beginnt und mit sieben Nullen endet. Es gibt viele Sterne, die vor einigen Jahren von der Gaia-Mission der Europäischen Weltraumorganisation katalogisiert wurden, die zur Milchstraße gehören, wie wir die Galaxie, in der wir uns befinden, zusammen mit dem gesamten Sonnensystem nennen. Die Wissenschaftler gehen davon aus, dass dies nur 1% der Sterne in unserer Galaxie sind. So viele, dass wenn man von einem Ende an das andere gelangen möchte, es hunderttausend Jahre (natürlich Lichtjahre) dauern würde. Und hier ist es besser, die Zahlen aufzugeben und sich darauf zu beschränken, ihn zu beobachten, diesen fantastischen leuchtenden Pfad, der das Himmelsgewölbe um uns herum durchquert. Bestehend aus Sternen, denen wir selbst mythologische, historische, fantastische, astrologische und mathematische Namen gegeben haben. Wie V766 Centauri, Antares, La Superba oder Polaris. Der größte Stern heißt UY Scuti. Während die Magellanschen Wolken kleine Galaxien sind, die sich um unsere drehen. Die nächste größere Galaxie ist Andromeda. Wie die Milchstraße ist diese auch eine Spiralgalaxie und ca. 2500 Millionen Lichtjahre von der Erde entfernt.

DER GROSSE FLUSS, VON DER WÜSTE UMARMT

DER OKAVANGO IST EINE IMMENSE GEOGRAFISCHE BESONDERHEIT: DER FLUSS DURCHQUERT DAS SÜDWESTLICHE AFRIKA, VON ANGOLA BIS BOTSWANA, WO ER EIN ECHTES DELTA BILDET, REICH AN KANÄLEN, SAVANNENINSELN, WASSERBECKEN, DIE SICH SANFT ZWISCHEN DEM KIES DER KALAHARI VERLIEREN.

Der *Mokoro* ist ein Einbaum-Boot, das leicht über das Wasser des Flusses, zwischen hohem Gras und dichtem Papyrus, gleitet. Die grüne Schicht aus Wasserpflanzen öffnet sich vor seiner Spitze wie zwei große Hände, die die Finger spreizen. Wo die Stängel spärlicher werden, treten die Seerosen aus komplizierten Wurzelwirbeln an die Oberfläche,

74-75 Kanufahrt auf einer der Lagunen des großen Flusses. Während der Hochwasserphasen, zwischen Juni und Juli, erstreckt sich das Delta auf 16 000 Quadratkilometer. Sein Wasser ist aufgrund des geringen Höhenunterschieds fast still.

75 Das Delta ist von einer großen Savannenfauna bevölkert: Hier durchquert ein Zebra ein Sumpfgebiet.

REISETIPPS

BESTE REISEZEIT Der Okavango befindet sich auf der Südhalbkugel, daher sind die Jahreszeiten umgekehrt. Nach der Umstellung auf die klimatische Situation sollte das Tauwetter in den Bergen Angolas dem Herbst entsprechen. Dank einer Reihe komplexer geografisch-klimatischer Wechselwirkungen treten die Deltaüberschwemmungen im Durchschnitt zwischen Juni und Juli auf. Und dies ist die beste Jahreszeit für einen Besuch. Das Klima ist trocken, mit sehr starken Temperaturschwankungen zwischen Tag und Nacht (die Temperatur kann sogar auf null absinken). Von Ende November bis Mai ist die Zeit des flachen Wassers und in vielen Bereichen ist es nicht möglich, Ausflüge zu machen.

ANREISE Flüge von Namibia oder Südafrika nach Gaborone. Von dort gibt es kleine Reiseflugzeuge bis zu dem als Ausgangspunkt gewählten Zeltlager. Zwischen einem Zeltlager und dem nächsten bewegt man sich in Jeeps oder in Cessnas fort.

REISEGEPÄCK Leichte Sportbekleidung, Wanderschuhe, Sonnenbrille, Hut, Fernglas zur Beobachtung von Tieren und ein Set warmer Kleidung für den Abend und die Nacht.

SCHWIERIGKEIT Zugänglich für alle, jedoch wird eine DIY-Reise nicht empfohlen und noch weniger befürwortet.

WEBSITES www.okavango.it, www.okavangodelta.com

die im klaren Wasser deutlich sichtbar sind. Jedes Mal, wenn das Einbaum-Boot vorangleitet, fliegt irgendwo um einen herum ein Vogel auf und flieht verängstigt. Es gibt einen Vogel, der kleiner ist als die Faust des *Mokoro*-Fahrers, der mit einem Stab sich vom Flussbett abstößt, und der Vogel ist so leicht, dass er auf dem Papyrus-Stab sitzen bleibt. Kopf, Rücken und Flügel haben die Farbe orientalisch-blauer Seide, intensiv und glänzend zugleich. Wenn er fliegt, bewegt er sich sehr schnell und zeichnet einen türkisfarbenen Umriss gegen den Himmel.
Es ist nicht klar, warum man diesen farbenfrohen Freund mit einem so nüchternen Namen benannt hat: Eisvogel. Rundum spürt man die immense Präsenz des trockenen, gleichmäßigen Buschwerks der Kalahari, sodass die Bewegung im Mokoro-Boot surreal erscheint. Eine Lücke zwischen den Schilfbeeten öffnet sich: Ein paar Dutzend Meter weiter befindet sich eine kleine Insel mit zwei Palmen, auf der sich ein nachdenklicher Elefant aufhält und eine Palme zu schütteln beginnt: In wenigen Sekunden geben die Wurzeln nach. Er senkt seinen Kopf in die Äste und taucht mit einem riesigen, schmalen Blatt im Rüssel wieder auf und hält dieses wie einen riesigen primitiven Fächer. Alltag im Delta: Es passiert, dass die Wasserantilope bis zu den Nasenlöchern in das Wasser eingetaucht ist, um sich zu verstecken, oder die Paviane, die

76-77 Eine »Flotte« von Touristenkanus im klaren Wasser eines Deltaarmes, wo man die Vegetation auch unter der Oberfläche erkennen kann.

77 oben Wo es große Pflanzenfresser gibt, da gibt es auch große Raubtiere: eine Gruppe von Löwen, die von einem Jeep aus beobachtet wird.

77 unten Ein Leichtflugzeug fliegt in geringer Höhe über die Okavango-Savanne: In diesen Kleinflugzeugen werden Touristen oft von einem Ort zum anderen transportiert.

die Lichtung vor einem Rudel von Kudus oder Impalas überqueren, oder der dunkle Fleck des Gnus, der in einer Weite aus gelbem Gras besonders herausragt. Bei Sonnenuntergang wird dann, in den wenigen Dörfern der Buschmänner (die der San-Gruppe, die in der Kalahari leben), am Feuer darüber gesprochen. Und in den Urlaubsdörfern für Touristen wird darüber gesprochen, während die hinter dem Horizont untergehende Sonne den afrikanischen Himmel unglaublich rot färbt und die kleinen singenden Frösche ihr Abendkonzert beginnen. Später wird die Stille der Nacht von Zeit zu Zeit durch die stumpfen Geräusche der abgebrochenen Baumäste unterbrochen: Die Elefanten setzen ihre Arbeit auch im Dunkeln fort. Trotz der scheinbaren Ruhe vom Mökoro aus, in der bewegungslosen Stille des Schilfes, bewegt sich das Delta unerbittlich, in Zeit und Raum, wie die Elefanten. Und alles ändert sich ständig: Wenn die Flut aus den Bergen Angolas kommt, nimmt der Fluss an Fülle zu. Neue Wasserläufe, neue Wasserbecken entwickeln sich. Es entsteht eine Lagune dort, wo sich vorher eine trockene Ebene befand, eine Insel wird geformt, auf der das Land mit dem Gras und den Wurzeln einer Pflanze vernetzt ist. Und das Delta reicht noch weiter nach Süden. Dies geschieht jedes Jahr, aber jedes Mal nimmt das Delta unterschiedliche Formen an. So ändert der Strom die Richtung, das Wasser geht verschiedene Wege, schafft neue Wasserstraßen für *Mokoros* und die Tiere. Sogar die Hauptkanäle bilden eine neuen Weg, graben einen neuen Kurs, biegen sich plötzlich zur Seite vor einem umgefallenen Stamm und der Vegetation, die ihn schnell bedeckte. Und dann gleicht eine Flut nie der anderen: Es gibt Jahre, in denen Wasser im Überfluss ankommt und die Kalahari-Wüste sich kilometerweit vor dem Okavango-Fluss zurückzieht, und

Jahre, in denen die Dürre den Fluss schwächt und der Sand ihn früher als sonst in die Erde sickern lässt. Dann wandern die Tiere nach Norden aus und die Hyänen tauchen in den Fluss ein, um zum Überleben Fische zu jagen und die Flusspferde herauszufordern.

Wie in der Wüste ist das Wasser der Richter, der über Leben und Tod entscheidet. Es ist kein Zufall, dass die Regenrituale der Mbukushu, die im Delta leben, im gesamten südlichen Afrika hoch geschätzt werden. Und es ist vielleicht kein Zufall, dass die Währung Botswanas »Pula« genannt wird, genau wie der Regen in der Sprache Tswana.

Und dann ist da noch das Feuer (das der spontanen Entzündung und das der Wilderer), das zu jeder Trockenzeit die Hälfte der Vegetation des Deltas verbrennt, an Fronten von Dutzenden von Kilometern, die auf keine Hindernisse stoßen und Hunderte von Baumgerippen und geschwärzten Kadavern von Tieren hinterlassen, denen es nicht gelungen ist zu entkommen. Aber es gibt noch mehr: Selbst die Erde bewegt sich hier, imposante tektonische Phänomene erschüttern das Delta und verändern es auf eine Art und Weise, die nur Geologen verstehen können. So kommt es beispielsweise vor, dass die Verästelungen des Deltas austrocknen und andere, die bereits in Vergessenheit geraten sind, wiederkehren und einen üppigen Wasserfluss erleben, wie es mit Bor der Fall war, der nach einer langen Reihe von Erdbeben im Jahr 1952 mehr als 30 Jahre lang trocken war.

78 Eine Gruppe von Elefanten überquert das Flussdelta, auch bekannt als der Okavango-Sumpf. Sie sind die wahren Könige dieses Landes.

79 Zebraherde an der Wasserstelle, Sicht aus dem Flugzeug. Dank der Anwesenheit des Flusses gibt es in diesem Gebiet zahlreiche Arten von Pflanzenfressern.

80-81 Ein Nilpferd im Chobe-Nationalpark überquert den Fluss Okavango.

DIE ENTDECKER DES DELTAS

Wer geglaubt hat, der erste weiße Mensch, der den Okavango sah, sei der übliche, legendäre David Livingstone war, hat richtig geraten: Der »Doktor« kam aus Sambesi und war auf dem Weg zur Kalahari-Wüste; es war das Jahr 1849. Vier Jahre später kam C. J. Andersson, ein Jäger, der erste Europäer, der von der Magie des Deltas überwältigt war, von dem er uns bei seiner Rückkehr erzählte: »Wohin man auch schaute, erstreckte sich ein Meer von frischem Wasser, an vielen Orten kaum sichtbar aufgrund der Weiten von Schilf und Blättern jeder Farbe und Schattierung; viele Inseln mit üppiger Vegetation waren an der Oberfläche verteilt und gaben dem Ganzen ein Erscheinungsbild von unbeschreiblicher Schönheit.« Erst später, mit dem Fortschritt der geografischen Erkundung, konnte jedoch der Ursprung dieses »Meeres aus Süßwasser und üppigen Inseln« entdeckt werden, das mit einer der trostlosesten Wüsten der Erde koexistierte. Aufgrund der Bizarrheit der Natur, die in Afrika noch mehr als anderswo ihre Streiche spielt, entspringt der Okavango (oder Cubango, wie sie ihn dort oben nennen) auf der Bié-Hochebene, lässt die Atlantikküste Angolas links liegen, die weniger als 300 Kilometer Luftlinie entfernt ist, berührt das Gebiet Namibias und erreicht dann Botswana, wo er sich in ein Becken nur wenige Meter tiefer als das umgebende Land ergießt und in Lagunen und Wasserarme verzweigt. Entsprechend der Pflicht eines Tieflandflusses öffnet der Okavango sein Delta, wie er sich sonst dem Meer anbieten würde. Dann aber verschwindet er langsam unter der Sonne der Kalahari-Wüste, versinkt in einem Ozean aus Sand und verdunstet unter dem tropischen Himmel.

MADAGASKAR

AM FUSSE DER KARSTKATHEDRALE

FELSNADELN, HÄNGEBRÜCKEN UND NASSE HÖHLEN, DIE SICH IN EINEM URTÜMLICHEN LABYRINTH BEFINDEN. EIN KALKSTEINMASSIV, DAS VON EROSION UND ZEIT GEFORMT WURDE, WO MAN DEN LEBHAFTEN LEMUREN MIT IHRER SCHWINDELERREGENDEN LUFTAKROBATIK BEGEGNEN KANN.

Der Ausgangspunkt ist der Morondava-Pfad. Je nach Jahreszeit kann er schlammig oder staubig sein. Wenn die Sonne besonders hoch am Himmel steht, wird Morondava zu einer Mischung aus Staub, Sand und Zeit. Es ist der Wilde Westen von Madagaskar, Ort antiker Königreiche mit Blick auf den Mosambikkanal und Afrika. Das Volk der Sakalava hat sich hier niedergelassen. Der Name bedeutet »Bewohner der langen Täler«. Sie sind diejenigen, die noch nie das Blutvergießen

82-83 Trotz der schwierigen Erreichbarkeit und des langen Weges beherbergt der Tsingy-de-Bemaraha Nationalpark jährlich rund 10 000 Touristen.

83 Der Manambolo River fließt durch das Naturschutzgebiet und seine intensive orangefarbene Farbe, die durch die langsame Erosion von mineralischen Sedimenten verursacht wird, lagert sich im Flussbett ab.

84 und 85 oben und unten Das Reservat ist seit 1990 UNESCO-Weltkulturerbe, es besteht aus rosa Kalksteinfelsen aus der Zeit vor 200 Millionen Jahren, die einst den Meeresboden darstellten. Die Weichheit des Steins macht ihn leicht durch Erosion verformbar.

erlebt haben, die Begegnung mit Piraten oder verlorenen Seeleuten nicht kennen. Der Stolz von Morondava ist der Boulevard der Baobabs aus rotem Sand und die große Moschee, die an die lokalen Siedlungen jemenitischer und komorischer Händler erinnert. Von der Stadt aus kann man die Felsnadeln der Bemaraha erreichen, die in Madagaskar als *Tsingy* bezeichnet werden. Sie sehen aus wie die Türme einer natürlichen gotischen Kathedrale, die vor unvorstellbar langer Zeit entstanden ist. Ursprünglich waren sie nur eine Mischung aus gepressten Korallen und Muscheln, die sich auf dem Meeresboden befanden. Dann tauchten sie auf und der Regen, der Wind sowie die Zeit bearbeiteten sie und erzeugten einen steinernen Wald, Hunderte von Metern hoch, den man heute bewundern kann, eine Landschaft, die von einer außer Kontrolle geratenen Fantasie bestimmt wird. Es ist eine in der Welt einzigartige Landschaft. Die Franzosen schätzten ihre Pracht im Jahr 1927, als sie das Tsingy-Gebiet von Bemaraha in ein integrales Naturschutzgebiet verwandelten; 1990 erklärte die UNESCO es zum Weltkulturerbe. Alles hier scheint einen eigenständigen Weg eingeschlagen zu haben. Die Isolation hat dazu beigetragen, dass 85 % der Pflanzenarten endemisch geworden sind, während 11 Lemurenarten hier ihren Wohnsitz gefunden haben: vom Edwards-Wieselmaki (*Lepilemur edwardsi*, lächelnder Mund und Augen, die von einem japanischen Anime inspiriert erscheinen) bis zum Roten Maki (*Eulemur rufus*, rotbraunes Fell, geisterhafter Blick). Das ganze Tierreich nimmt im Tsingy-de Bemahara-Nationalpark

REISETIPPS

BESTE REISEZEIT Das Gebiet ist während der Trockenzeit zugänglich, von Mai bis Oktober, wenn die Pfade geöffnet sind.

ANREISE Von Morondava aus legen Sie 200 km Sandpiste zurück (ca. acht Stunden mit dem Geländewagen) und überqueren den Fluss Tsiribihina an Bord eines Bac, eine Art großes Floß, um den Eingang zum Park zu erreichen, wo Sie Ihr Ticket kaufen können.

REISEGEPÄCK Bequeme Kleidung und Schuhe, das Schweizer Taschenmesser und für alle Fälle ein Sarong, entsprechende Wasserversorgung, Hut und Sonnenschutz.

SCHWIERIGKEIT Es ist möglich, Routen unterschiedlicher Dauer und Schwierigkeit zu wählen, für die im Durchschnitt etwa fünf Stunden zu Fuß und eine gute körperliche Belastbarkeit erforderlich sind. Der Park bietet Sicherheitsausrüstung an den gefährlichsten Stellen.

WEBSITES
www.parcs-madagascar.com
mymadagascar.it
www.antsirabe-tourisme.com
www.madagascar.it
whc.unesco.org/en/list/494

traumhafte Farbtöne an. Hier gibt es kleine Geckos und bunte Chamäleons. Wenn man die Augen zum Himmel hebt, erkennt man die Routen des Schreiseeadlers, der Rohrweihe oder des kleinen Tauchers. Wenn man Glück hat, kann man sogar die des Madagaskar-Kauzes sehen. Begleitet von einem Reiseleiter in den fast 700 Quadratkilometern großen Reservats, kann der einfachste Weg in 4 oder 5 Stundenzu einem echten Abenteuer werden. Zu Fuß werden die Schluchten in einem echten Labyrinth durchquert, bevor man in die Höhe klettert, um das Gefühl der Bodenlosig-keit zu erleben, fast in Ekstase vor den unendlichen Schattierungen der Vegetation, die von oben betrachtet werden können, oder beim Durchqueren der Höhlen auf der Suche nach alten, vielleicht menschlichen Überresten. Eine andere, eher für Sportler geeignete Route dauert etwa sechs Stunden und führt als eine Art Mutprobe über eine Hängebrücke, auf der Suche nach dem höchsten Punkt, um den Horizont zu sehen. Die höchste Stufe auf der Treppe des Abenteuers ist das Übernachten innerhalb des Parks: Nach ein paar Tagen der Erkundung, kann man auf den Grand Tsingy blicken, den Pfad durch die Höhle Broadway, der sich durch Gipfel mit den bizarrsten Formen, Tunnel und Kalkterrassen schlängelt. Auf dem Boden der Schluchten sammelt sich die Feuchtigkeit, während sich diese beim Aufstieg verflüchtigt und die Sträucher immer trockener werden. HIER hat man Zeit, die Lemuren kennenzulernen und sich von ihrer Vitalität verzaubern zu lassen.

RUSSLAND

AUF DEM BAIKALSEE, WO DAS EIS BLAUER IST

WÄHREND MAN SICH AUF DER WINTERLICHEN EISDECKE BEWEGT, SCHAUT MAN IN DIE TIEFEN DES TIEFSTEN UND TRANSPARENTESTEN SEES DER WELT.

Schwindelgefühl. Auf der riesigen blauen Ebene, auf der Transparenz des Eises und seiner Risse, schweift das Auge mehrere Meter tief und es dreht sich leicht der Kopf. Ein einzigartiges Erlebnis auf der Erde, denn der Baikalsee ist der tiefste und kristallklarste See. Umgeben von Gebirgszügen mit Gipfeln zwischen 2000 und 3000 Metern, Wäldern an den unteren Hängen und 366 einmündende Fluss, die den See speisen, gegenüber einem einzigen majestätischen Fluss der aus diesem ausmündet. Der Name dieses großen Flusses ist Angara. Das große Gewässer wird von der sibirischen Kälte eingefroren und besitzt als Kulisse eine

86-87 Die Insel Ogoy ist umgeben von der Eisfläche des Baikalsees. Während der heißen Jahreszeit ist sie mit dem Festland durch eine Fähre verbunden.

87 Für die Buriaten, die größte in der Region lebende ethnische Minderheit, ist der Baikalsee »dalai nor« bzw. heiliges Meer und, laut Legenden, leben auf dem Grund des Sees zwei böse Dämonen.

88 oben Das Vorhandensein der großen Wassermasse des Sees, umgeben von einer Bergkette und versorgt von 330 Nebenflüssen, mildert die kalten Temperaturen der gesamten Region.

88 unten Ein kleiner Junge lässt sich fotografieren, während im Hintergrund ein Kleinbus den See überquert, als wäre es eine normale Straße.

89 Ein Bereich von -30 °C erfordert eine starke, isolierende Ausrüstung.

REISETIPPS

BESTE REISEZEIT Im Winter, von Februar bis März, um die außergewöhnliche Transparenz des Eises zu genießen. Im Sommer, von Mitte Juni bis Mitte August, auf dem Great Baikal Trail um den See herum zu wandern.

ANREISE Von Moskau aus dauert der Flug nach Irkutsk etwa 5 Stunden, dann angekommen am Südufer, benötigt der Zug etwa 34 Stunden bis nach Severobajkal'sk, an der nördlichsten Seite des Sees. Der Ausgangspunkt am See ist Listvjanka.

REISEGEPÄCK Hochgebirgskleidung, windfeste Jacke für Polartemperaturen, wasserdichte Hosen, Handschuhe und Thermowäsche, Winterwanderstiefel, Eissteigeisen, Sonnenschutz, Kamera mit Ersatzbatterien.

SCHWIERIGKEIT Widerstandsfähigkeit gegen niedrige Temperaturen: In der Nacht können sie bis zu -30 °C erreichen.

WEBSITES rusmania.com/practicalities/winter-lake-baikal-advice, waytorussia.net/Baikal, www.irkutsk-baikal.com, greatbaikaltrail.org/en

surreale Landschaft. Von Januar bis Ende April ist der See durch eine 1,5 bis 2 Meter dicke Eiskruste verschlossen. Eine sichere Eisdecke nicht nur für eine der einzigartigsten Wanderungen der Welt oder für Wintersportler – vom Schlittschuhlaufen über das Curling bis hin zur Hundeschlittenfahrt – sondern auch für das Befahren mit Fahrzeugen. Ende Januar, nachdem die Verantwortlichen des russischen Notfallministeriums seine Festigkeit überprüft haben, werden Verkehrszeichen auf der gefrorenen Oberfläche des Sees angebracht und der Baikal wird zu einer Fahrbahn für Pkws und Lkws – mit speziellen Verkehrsregeln und sicheren Routen –, die den Transport zwischen den am Ufer gelegenen Städten erleichtern und beschleunigen. Die Transparenz, die den Baikalsee in die magischste und größte Landeisbahn verwandelt (sie ist durchschnittlich 636 km lang und 48 km breit mit Teilstücken von fast 80 km), ist auf die Kombination verschiedener klimatischer und geologischer Faktoren zurückzuführen. Dementsprechend gab es auch die Einführung von Umweltvorschriften seit den 1980er-Jahren, wie z.B. das Verbot der Holzindustrie, Holz auf Flüssen stromabwärts zu transportieren, welches eine Quelle der Verschmutzung darstellte. Im Winter überquert man den See mit Schlittschuhen oder auf Steigeisen, um jenseits der Eisdecke seine Unterwasserwelt zu bewundern, denn durch das raue Klima mangelt es an Schnee und somit liegt die Eisdecke frei. Und die Tiefe des Sees, 1642 Meter in seiner Mitte, ist ein Weltrekord. Der Baikalsee beherbergt die größte Süßwasserkonzentration der Welt: 23 615 Kubikkilometer Flüssigkeit (das entspricht der Wassermasse, die in einem Jahr von allen Flüssen der Erde befördert wird), 80% der russischen Wasserreserven sowie 20% der gesamten Welt, ausgenommen der Polarkappen und Gletscher in großer Höhe. Der sehr hohe Sauerstoffanteil (75 % gesättigte Lösung) im kristallklaren Wasser hingegen ermöglicht das Leben auch in den dunkelsten Tiefen. Ein einzigartiger Fall. In der Regel verschwinden in den Seen durch die Abwesenheit von

Sauerstoff auch die Mikroorganismen in einer Tiefe von mehr als 300 Metern. Die reichhaltige Menge an Sauerstoff nährt die außergewöhnliche biologische Vielfalt und die Endemiten; viele Arten gedeihen nur hier: ein Paradies für Flora und Fauna in ständiger Entwicklung. Unter den vielen Krebstieren ist der *Epischura baikalensis*, ein in großen Mengen vorkommender winziger Krebs, der für die märchenhafte Transparenz des Sees entscheidend ist: Er filtert das Wasser und gibt es sauber und klar zurück. Der *Epischura* lebt im Baikalsee dank seiner hohen Sauerstoffkonzentration, seinem niedrigen Salzgehalt und seiner niedrigen Wassertemperatur. Es gibt 52 Fischarten, darunter der *Comephorus baikalensis* (Baikal-Ölfisch), eine transparente Fischart ohne Schuppen, die bei Sonnenuntergang aus einer Tiefe von 500 Metern auftaucht, um sich von dem an der Oberfläche lebenden Plankton zu ernähren, und dann bei Tagesanbruch wieder in die Tiefe abtaucht, weil sie bei Temperaturen über 7 °C nicht überleben kann. Und der Omul (*Coregonus migratorius*), eine Art Weißfisch, der seit Jahrhunderten die Hauptnahrungsquelle der Buriati-Bevölkerung ist, eine mongolische Volksgruppe, die am Ufer des Sees lebt. Die repräsentativste Tierart des Baikalsees ist die Nerpa (*Pusa sibirica*), die kleine Baikalrobbe mit dunkelgrauem Fell; sie ist an der Spitze der Nahrungskette und ernährt sich von Fischen, die sie aus der zugefrorenen Seeoberfläche herausfischen kann, indem sie Löcher in die Eisdecke gräbt. Obwohl die Nerpa zwei Jahrhunderte lang gejagt wurde, kommt sie üppig vor, es wird geschätzt, dass es 75 000 Exemplare gibt. Zwischen den oft sumpfigen Wiesen und der niedrigen Vegetation der Tundra beherbergen die Wälder aus Birke, Zirbe, Lärche, Tanne, Kiefer und Sibirischer Zeder 230 Vogelarten, von denen 146 hier nisten. Zum Schutz der Zugvögel wurde im Selenga-Delta ein ornithologisches Schutzgebiet geschaffen: das beste Ziel für die Vogelbeobachtung. Weitere Naturschutzgebiete schützen Elche und Zobel, die in den 14 Millionen Hektar großen Wäldern des Seengebietes, zusammen mit dem ostsibirischen Braunbären (*Ursus arctos collaris*), mit seinem sehr dichten Fell und einer Größe von 2,5 Metern, vorkommen. Aufgrund dieser Besonderheiten wurde der Baikalsee 1996 von der UNESCO zum Weltnaturerbe erklärt.
Der Sommer geht von Ende Juni bis Ende August. Für diejenigen, die Wandern lieben, ist dies die richtige Jahreszeit, um den langen Weg (Great Baikal Trail) zu entdecken, der den See umgibt. An Tagen, an denen der Sarma nicht weht, der Wind, der häufig über seine Gewässer und seine Küsten mit einer Geschwindigkeit von 150 Stundenkilometern fegt.

90 Die kristallisierten Formationen, die durch das Gas unter der Oberfläche entstehen, bilden harmonische und originelle Muster.

91 oben Während ein Taucher im Wasser des Baikalsees schwimmt, fährt ein Fahrzeug über die Oberfläche. Die Überquerung des Sees, anstatt ihn zu umgehen, verkürzt die Wege und Reisezeiten erheblich.

91 unten Zwei Touristen schauen durch die Eisdecke, um das Geheimnis zu lüften. Der abgelegene und unberührte Osten Russlands hat schon immer Touristen angezogen, die den Kontakt zur Natur suchen.

RUSSLAND

KAMTSCHATKA: ERDE, FEUER UND EIS

ES HANDELT SICH UM EINE DER AM WENIGSTEN BEVÖLKERTEN REGIONEN DER ERDE, VIELLEICHT DAS DYNAMISCHSTE GEOLOGISCHE LABOR DER WELT. WER GEDULD HAT, KANN BRAUNBÄREN, ZWISCHEN VULKANEN UND GEYSIREN ENTDECKEN.

Mit 414 Gletschern, 160 Vulkanen, darunter 29 aktive Vulkane, 14 000 Flüssen und 100 000 kleinen und großen Seen glazialen Ursprungs, ist Kamtschatka ein einzigartiger Ort auf der Erde, eines der abgelegensten Naturparadiese, wo man absolute Stille erleben, dem Bären begegnen und die Sinne in unberührte Natur eintauchen kann. Es ist eine Halbinsel in Form einer Krabbenklaue, wie der russische Schriftsteller Viktor Erofeev sie nannte, mit einer Fläche von 475 000 Quadratkilometern, die für 1200 Kilometer vom

92 Ein Braunbär in Begleitung von Möwen am Kurilsee, eine ausgezeichnete Nahrungsquelle für beide.

92-93 Der Braunbär, ein Unterart der sibirischen Bärenfamilie, die mit dem Eisbären um den Titel des größten terrestrischen Raubtiers konkurriert. Es ist eine Rasse, die hauptsächlich in Asien und Nordamerika verbreitet ist.

REISETIPPS

BESTE REISEZEIT Die beste Zeit ist von Juni bis September, um die intensivste Kälte zu vermeiden, wenn die Temperaturen im Durchschnitt um 15 °C liegen; dies ist die regenreichste Region Sibiriens mit starken Schneefällen im Winter in den bergreichen Gebieten. Von Juli bis Oktober werden Hubschraubertouren ins Geisertal und zum Kurilsee angeboten.

ANREISE Die Hauptstadt Petropavlovsk-Kamčatskij ist mit dem Flugzeug erreichbar, schneller jedoch von Moskau, mit russischen Fluglinien, oder von Alaska aus. Von der Stadt geht es mit dem Mietwagen weiter, vorzugsweise Geländewagen.

REISEGEPÄCK Sehr warme Kleidung ist erforderlich (bei Reisen im Winter mit Thermowäsche, Kleidung aus Fleece und Strumpfhosen), Wanderschuhe, Handschuhe, Windjacke, Sonnenbrille.

SCHWIERIGKEIT Für jedermann zugänglich, aber eine gute Kondition hilft bei langen Wanderungen.

WEBSITES
www.en.pioneer-kamchatka.ru
www.kailas.it
www.viaggilevi.com

Kilometer vom östlichsten Ende Sibiriens auf das Beringmeer schaut.
Es ist ein schwefelhaltiges Gebiet, eine der geologisch dynamischsten Regionen der Welt, mit einem Gebirgszug vulkanischen Ursprungs von 800 Kilometern Länge, der höchsten Geiserkonzentration in Eurasien und einer Vielzahl von heißen Quellen. Und vor der Halbinsel erreicht die Grube Kuril eine Tiefe von 10 500 Metern.
Unter Kamtschatka stehen die eurasische und die pazifische Kontinentalplatte unter Spannung: Mit einer Geschwindigkeit von wenigen Zentimetern im Jahr schiebt sich die eine unter die andere. Das Ergebnis ist eine Landschaft von außergewöhnlicher und rauer Schönheit, der Traum aller Ökotouristen. Eine Umgebung, in der Sumpfökosysteme mit bis zu 3 Meter hohem Gras, sibirische Taiga und arktische Tundra kombiniert werden. Ein Patchwork aus Kratern, Quellen, Wasserfällen, brodelnden Flüssen, türkisfarbenen Seen, 12 Meter hohen Geisern, borsäurehaltiger Verdampfung, versteinerten Birkenwäldern und ewig verschneiten Gipfeln. Die Winter sind lang, mit Frost von Oktober bis Juni, bei Temperaturen, die auf -40 °C sinken und die Sommer sind kurz, aber tagsüber recht warm mit Temperaturen bis 35 °C, die jedoch nachts wieder erheblich absinken. Bis zur Mitte des 18. Jahrhunderts, als sie von einem russischen Forschungsschiff erreicht wurde, war die Insel Kamtschatka nur von ärmlichen Fischerdörfern und sibirischen Rentierzüchtern besiedelt, einem Volk, das so primitiv schien, dass dieses der Botaniker Stepan Krašeninnikov in seinem

Reisetagebuch als »nur einen Schritt höher als die Tiere« benannte. Menschen, die, abgesehen von den europäischen Vorstellungen einer Gesellschaft, in völliger Symbiose und Harmonie mit der Umwelt lebten. Dank der strategischen Militärbasen, die während des Kalten Krieges gebaut wurden, entwickelte sich die Halbinsel und zählt heute 334 000 Einwohner, fast alle von ihnen konzentrieren sich in der Hauptstadt Petropavlovsk-Kamčatskij. Mit einigen hundert Kilometern gepflasterter Straßen ist Kamtschatka eine der am schwierigsten zu überquerenden Regionen. Seit den 1990er-Jahren des 20. Jahrhun-derts ist die Halbinsel für den Tourismus geöffnet. Die Halbinsel gilt als ein Paradies für Fotografen. Sebastião Salgado verewigte sie in seinem Projekt *Genesis* bei seiner Entdeckungsreise auf den Spuren der Ursprungsorte der Welt. Und Michio Hoshino, der berühmteste Naturfotograf in der Geschichte der Fotografie, starb hier 1996, durch den Angriff eines Bären. Der Braunbär von Kamtschatka (*Ursus arctos beringianus*), eine riesige sibirische Bärenart, der in diesem Gebiet lebt, ist der größte Verwandte des nordamerikanischen Grizzlys. drei Meter groß und bis zu 650 Kilogramm schwer: Er konkurriert mit dem Eisbären um den Titel des größten an Land lebenden Fleischfressers. Im Sommer speichert er mehr als 180 Kilogramm Fett, um den langen Winterschlaf zu überstehen. Er ist ein ausgezeichneter Schwimmer und das einzige Tier, das den sibirischen Tiger überwältigt. Es ist kein Zufall, dass er als der König unter den 918 Tierarten gilt, die die Kamčatka bevölkern. Auf der Halbinsel leben zwischen 15 000 und 30 000 Exemplare von Braunbären, die größte Konzentration der Welt. Der beste Ort, um den Bären zu beobachten, ist der Kurilsee, wo mindestens 3000 Lachse leben und ihre Eier ablegen: seine Hauptbeute. Der Kurilsee, der sich in der Tundra 200 km südlich der Hauptstadt befindet, fast an der Südspitze der Halbinsel, ist in einer Flugstunde an Bord der großen russischen Militärhubschrauber erreichbar. Alle Ausflüge finden in Begleitung eines bewaffneten Rangers statt. Der Braunbär kommt auch in Kronockij vor, einem im Jahre 1934 gegründeten Naturschutzgebiet, das drei Stunden nördlich der Hauptstadt per Helikopter erreichbar ist. Der Park umfasst die meisten der geografischen Elemente der Halbinsel Kamtschatka: Tundra, einen Gletschersee,

94 oben Fumarole im Krater des Vulkans Uzon. Zusammen mit dem Krater des Flusses Geysernaja beherbergt er das größte geothermische Feld der Halbinsel.

94 unten Ein smaragdgrüner Vulkansee am Fuße der Rauchschwaden des Vulkans Gorely.

95 Braunbären auf der Jagd nach Lachs, aber ihre Ernährung basiert hauptsächlich auf pflanzlicher Kost.

96-97 Rotlachs-Schwärme im Kurilsee, wo mindestens 3000 Exemplare ihre Eier legen, die jeweils bis zu 7 Kilogramm wiegen können.

97 Der schnelle Moment des Fangs. Für Braunbären sind Lachse die fast ausschließliche Quelle für tierisches Eiweiß. Vor dem Winterschlaf müssen sich die Bären eine ordentliche Fettschicht anfressen, die Nahrung umfasst bis zu 15 Kilogramm pro Tag. Das gibt ihnen das Fett, das sie brauchen, um den langen Winter zu überstehen.

einen Fluss, das spektakuläre Geisertal (wo man vom Hubschrauber aus eine große Anzahl von Bären sehen kann, sogar Mütter mit Jungen) mit 26 Fontänen mit kochendem Wasser, Verdampfungsstellen, heiße Quellen, Wälder aus Zwergbirken, Weiden und schwedische Ebereschen. Die repräsentativste Flora einer Halbinsel, auf der 1166 Pflanzenarten katalogisiert wurden. Rhododendren, Chrysanthemen, Bärlauch und vor allem Beerensträucher: Brombeeren, Preiselbeeren, Heckenkirschen und Stachelbeeren. Diese wetteifert mit einer Fauna von Tierarten wie dem Luchs, Fuchs, Zobel, Rentier, Wolf, Robbe, Schwertwal und 160 Vogelarten, darunter der Riesenseeadler, der größte der Welt, mit schwarzweißem Gefieder und langem gelbem Schnabel. Ein Nachteil ist die Jagd, die, wenn auch mit einigen Einschränkungen, erlaubt und als touristische Aktivität angeboten wird.

AUF DER JAGD NACH DEM ROTLACHS

*Die Meere und Flüsse von Kamtschatka haben die weltweit höchste Konzentration an Rotlachsen (*Oncorhynchus nerka*), die bis zu einem Meter lang werden können. Sie sind die größte Nahrungsquelle für Bären und Adler. Die Bucht von Avacha, unmittelbar südlich der Hauptstadt, ist einer der wichtigsten Orte für die Vermehrung von Lachsen. Jedes Jahr, zwischen Juli und August, erreichen 2 Millionen Exemplare dieses eisige Wasser, um ihren Ritus der Liebe, Fortpflanzung und des Todes zu feiern. An den Ufern der Flüsse, in denen sie ihre Eier ablegen, warten auf sie eine Vielzahl von Braunbären. Die Auftritte dieser Riesen, die Lachse in den Gewässern der Flüsse fangen, sind eine der großartigsten Shows, die Kamtschatka zu bieten hat.*

IM REICH VON DSCHINGIS KHAN

REISEN AUF DEM RÜCKEN EINES PFERDES, SCHLAFEN IN ZELTEN UND TEILNEHMEN AM NAADAM, DEN STEPPEN-OLYMPIADEN: BERGE UND SEEN IM HOHEN NORDEN, KLÖSTER, NOMADEN, WÜSTE GOBI UND VERSTEINERTE ÜBERRESTE VON DINOSAURIERN, DIE VOR MILLIONEN VON JAHREN AUSGESTORBEN SIND.

Luigi Barzini Jr. bietet uns das beste Bild: »Ein englischer Rasen, der in ein Meer verwandelt wurde«. Eine riesige Ebene, die der Journalist als »ohne Bäume, ohne Busch, ohne Haus, ohne ein Stück Papier« beschreibt. Die Mongolei ist ein Rätsel: Es gibt nichts, sie ist leer und doch verführerisch. Dies gilt ebenfalls für die tiefen Täler, die türkis-farbenen Seen, die stillen Dünen und das endlos grüne Meer. Aber es reicht nicht aus, das Geheimnis zu erklären. Die Mongolei – eine Nation, die fünfmal so groß ist wie Westeuropa, von drei Millionen

98-99 Wüste Gobi, im Altai-Gebirge, im Nationalpark Gobi Gurvansaikhan: Kamele grasen in der Nähe einer Jurte, dem typischen Zelt der Nomaden.

99 Spaziergang durch die Khongoryn Els, deren Dünen sich über 965 Quadratkilometer erstrecken.

REISETIPPS

BESTE REISEZEIT Die Reise in die Mongolei ist von Mai bis Anfang Oktober am angenehmsten, wenn das Land nicht von der klirrenden Kälte ergriffen ist, die Natur wieder blüht und das nomadische Leben wieder seinen Lauf nimmt. In der zweiten Juliwoche (immer den genauen Termin überprüfen) gibt es ein großes Ereignis, das Naadam-Fest, eine Reise in diesem Zeitraum sollte lange im Voraus gebucht werden.

ANREISE Von Ulan Bator aus kann man mit dem Auto oder Flugzeug anreisen. Sobald man das Gebiet erreicht hat, sollte man eine Tour zu Pferd nicht verpassen.

REISEGEPÄCK Die Temperaturen können zwischen +40 und -40 °C liegen, und die Kleidung variiert entsprechend. Im Allgemeinen gilt es, bequeme Wanderschuhe und insbesondere im Winter technische Ausrüstung nicht zu vergessen sowie Sonnencreme, Grundarzneimittel (besonders für Zecken) und Bargeld (Kreditkarte wird nur in der Hauptstadt akzeptiert).

SCHWIERIGKEIT Die Reise erfordert Anpassungsfähigkeit und ein Minimum an Widerstandsfähigkeit, insbesondere bei langen Fahrten in Geländefahrzeugen und eventuell zu Pferd oder zu Fuß.

WEBSITES
www.travelmongolia.org
www.mongolia.travel
www.mongolia.it

100 oben, unten und 101 Das einfache Leben einer Familie von nomadischen Pferde-, Ziegen- und Kamelzüchtern am Fuße des Altaigebirges in der Provinz Ômnôgov.

102-103 Wasserfall des Flusses Ulaan Tsutgalan im Orhon Valley; es ist seit 2004 UNESCO-Weltkulturerbe wegen der Bedeutung der nomadischen Lebensform.

Menschen bevölkert und von sehr wenigen asphaltierten Straßen bedeckt – ist zu einem Symbol für etwas anderes geworden. Sie ist zu einem Symbol für Abenteuer, für nomadisches Leben und Freiheit geworden. Die Mongolei ist im Wesentlichen ein Erlebnis: zu Pferd in die Steppe zu reisen, den Rhythmus eines stolzen und rebellischen Volkes zu entdecken, in einem *Ger*, einem runden, mit Filz gedämmten Zelt empfangen zu werden und gemeinsam eine Tasse *Airak* aus fermentierter Stutenmilch zu trinken. Um all dies zu erleben, fährt man von Ulan Bator, der Hauptstadt, nach Osten, um sich in wenigen Stunden im Hèntij, dem Herzen der mongolischen Nation, zu befinden. Dort werden die Stille, die unendlichen Horizonte und die seltenen Begegnungen zu wertvollen Momenten. Dann geht die Reise weiter, ferne Berge, Steppen, so weit das Auge reicht, wie gemalte Sonnenuntergänge am Himmel, das Nichts für unendliche Kilometer, Sterne für Milliarden von Lichtjahren. Das ist die Mongolei. Die Provinz Hèntij ist der Ursprungsort des nationalen Mythos Dschingis Khan. Vor einigen Jahren nannte ihn die *Washington Post* einen Mann des Jahrtausends: Geboren aus der Kraft eines

Wolfes und der Gnade eines Hirsches, versammelte er im 13. Jahrhundert die mongolischen Stämme im größten jemals gesehenen Reich. Ihn, Dschingis Khan, verehren die Ringer der Naadam, wenn sie ihre Gegner besiegen, sie tanzen und ahmen einen Adler nach, mit ihren Lederstiefeln und kurzen Jacken, die an der Taille festgezogen werden. Das unverzichtbare Fest von Naadam, »die Olympischen Spiele der Steppe«, finden im Juli in Ulan Bator statt: drei Disziplinen - Ringen, Bogenschießen und Pferderennen – die die Verkörperung des nomadischen Lebens darstellen, als einst im Galopp gejagt und gekämpft wurde. »Und man sieht bunte Zelte und Kinder, die in der Weite singen und sich auf die Rennen und die galoppierenden Pferde der Steppe vorbereiten«. Vom Dichter Dashdorjyn Natsagdorjyn besungen, sind Pferde alles für die Nomaden: In der Mongolei heißt es: »Wenn ein Mann von seinem eigenen Pferd getrennt ist, was kann er dann noch tun, außer zu sterben?« Giovanni Pian del Carpine, der 1246 die damalige Hauptstadt Karakorum am Hof von Güyük Khan (Enkel von Dschingis Khan) besuchte, hinterließ uns in seiner *Historia Mongalorum* eine Beschreibung der mongolischen Sitten und Gebräuche, die beweist, wie wenig sich ihre Lebensweise in acht Jahrhunderten verändert hat. Trotz des Drucks des historischen sowjetischen Verbündeten, die buddhistische Religion auszulöschen, trotz Mobiltelefon, trotz Globalisierung, die seltsame Art zu reiten und gleichzeitig zu schießen, das Leben im *Ger*, die enge Beziehung zu dem Vieh und die Gastfreundschaft für Fremde, die mit einem Becher *Airak* begrüßt werden, sind wie immer gleich geblieben.

NICHT NUR STEPPE

An der Grenze zu Russland wird der Norden der Mongolei vom großen Chovsgol-See dominiert, auf dessen zugefrorener Oberfläche Anfang März ein Eisfest mit Schlittenrennen und schamanischen Zeremonien stattfindet. An der Grenze zu China und Kasachstan liegt der Altai, ein abgelegenes Land der Wüsten und schneebedeckten Berge, Lebensraum von Wölfen und Schneeleoparden, wo im Oktober die kasachischen Jäger die Protagonisten des Adlerfestes sind. Der südliche Streifen der Mongolei verwandelt sich in eine trockene und kalte Geröllhalde, wo Kamelnomaden durch ein Land wandern, aus dem die Dinosaurierfossilien aus Bajanzag stammen (die besten Funde sind im Naturkundemuseum der Hauptstadt aufbewahrt): die Wüste Gobi mit den Dünen von Khongoryn Els, den märchenhaften Schluchten des Yol-Tals und der Naturfestung von Tsagaan Suvarga, den »weißen Stupas«. Von der Spitze dieses Canyons aus, mit Blick auf den endlosen Horizont, kann man die Worte des Dichters Buyannemekh verstehen, der in der zentralen Gobi geboren wurde: »Die Mongolei ist auch für die mächtigsten Flügel ein zu weites Land ...«.

DANXIA, DIE REGENBOGEN-BERGE

ES GIBT EINEN ORT IN CHINA, AN DEM DIE MAGIE DES REGENBOGENS NICHT IN FORM VON SICH VERFLÜCHTIGENDEN BÖGEN AM HIMMEL AUFTRITT, SONDERN SICH IN BUNTEN KRISTALLISIERENDEN HÜGELN PRÄSENTIERT.

104 Die Schluchten des Geologischen Parks Danxia sind von farbigen, durch Erosion, Wind und Wetter verwandelten Mineralien geprägt.

104-105 Je nach Licht und Tageszeit nimmt die Färbung der Berge unterschiedliche Schattierungen und Intensitäten an. Die Tage nach dem Regen sind die Tage, an denen die Farben noch leuchtkräftiger sind.

Man betrachtet sie und auf den ersten Blick scheint es geradezu surreal: Die Regenbogenberge des chinesischen Danxia National Geological Parks zeigen Farben und Kombinationen, die so lebendig sind, dass sie eher wie eine Kreation aus dem Pinsel eines talentierten Künstlers aussehen als wie eine Formation natürlichen Ursprungs. Gewebte Streifen und ungewöhnliche Farben in verschiedenen Rot-, Grün-, Gelb-, Orange- und Blautönen erwecken ungewöhnlich aussehende geologische Formationen, die manchmal wirklich erstaunliche Formen und Farbwechsel annehmen. Die verzauberte Landschaft verdankt ihre ungewöhnliche Färbung den Ablagerungen von rotem Sandstein, Eisen und anderen Mineralien, die mehr als 200 Millionen Jahre zurückreichen und einen echten Regenbogen hervorbringen, der in den Felsen gemalt ist und eine Farbschichtung aufweist, die an die eines geschichteten Kuchens erinnert. Die anschließende Bewegung der tektonischen Platten formte dann diese chromatischen Sedimente zu bizarren und wunderbaren Bergwellen unterschiedlicher Größe und die Erosion durch Regen und Wind vervollständigte das Meisterwerk.

Der faszinierendste und am meisten besuchte Teil des Geoparks ist der zentrale, über 200 Meter hohe, als Danxia Panoramic Area of Linze bezeichnete Teil, der fast in gleicher Entfernung zwischen der Stadt Zhangye im Westen und Linze, der

Hauptstadt des Landkreises, liegt. Innerhalb des geschützten Bereichs, ob Sie nun vom nördlichen oder westlichen Eingang aus eintreten, können Sie sich frei zu Fuß oder mit den Bussen des Parks bewegen. Die Fahrzeuge erreichen die vier wichtigsten Aussichtspunkte. Der erste befindet sich in der Nähe des Parkeingangs, ca. 10 Minuten zu Fuß, und bietet eine der besten Aussichten, um die Weite der Landschaft zu bewundern. Der zweite kann mit einem weiteren 10-minütigen Fußweg vom ersten Bereich aus erreicht werden, erfordert aber eine gute körperliche Kondition, um 666 Stufen bergauf zu bewältigen. Der dritte Aussichtspunkt erfordert weniger Kraft und ermöglicht es, alle sieben Farbtöne zu bewundern. Der vierte und letzte Panoramabereich ist derjenige, der sich am besten für die Aufnahmen von Sonnenauf- und -untergang eignet. Eine Erkundung, die zwei bis vier Stunden dauern kann.

REISETIPPS

BESTE REISEZEIT Die beste Zeit für einen Besuch der Regenbogenberge ist von Juni bis September, wenn das Wetter milder ist und der Wechsel von intensiver Sonne und gelegentlichem Regen den Farbkontrast verstärkt. Es wird nicht empfohlen, sie im Winter zu besuchen, da starke Winde auftreten und die Temperaturen unter den Gefrierpunkt fallen.

ANREISE Mit dem Flugzeug: Die nächstgelegene Stadt ist Zhangye, in der Provinz Gansu, die wiederum mit Lanzhou verbunden ist, die größer ist und mit täglichen Inlandsflügen oder mit einem Direktzug erreicht werden kann. Eine Buslinie verbindet den Bahnhof Zhangye mit dem Geopark mit einer Fahrzeit von ca. 15 Minuten.

REISEGEPÄCK Genügend Trinkwasser, eine Jacke auch im Sommer, weil die Temperaturen zu Beginn und am Ende des Tages stark sinken, auch bequeme Schuhe, die sich zum Wandern auf dem Sand eignen, Sonnenschutz und einen Hut. Ein Schal oder Schultertuch sind nützlich, um sich vor dem Wind zu schützen.

SCHWIERIGKEIT Mittel bis niedrig. Der Nationalpark-Bus hält an jedem Aussichtspunkt und Sie können die Zeit und den Aufwand an Ihre eigenen Bedürfnisse anpassen.

WEBSITES
www.topchinatravel.com
www.chinaexploration.com
www.travelchinaguide.com
www.turismoincina.it

106 und 107 oben und unten Die Bergstreifen variieren je nach den verschiedenen Mineralien, aus denen der Boden und ihre Felsformationen bestehen, die auf die Kreidezeit zurückgehen. Der Park erstreckt sich über rund 500 Quadratkilometer auf 1800 Metern über dem Meeresspiegel.

IM VERLORENEN REICH VON MUSTANG

IN EINEM EXTREMEN STREIFEN DER TIBETISCHEN REGION, EINE ZEHNTÄGIGE WANDERUNG AUF DER 4000 METER LANGEN STRECKE, MIT BLICK AUF DIE RIESEN DES HIMALAYA, WO MAN DIE ENERGIE DER SCHÖPFUNG ZWISCHEN ALTEN TEMPELN UND AUSSERGEWÖHNLICHEN GEOLOGISCHEN FORMATIONEN WIEDERENTDECKEN KANN.

Es war einmal das Königreich Mustang. Es war von allem isoliert, eisige Pässe verteidigten es und einige der höchsten Berge der Welt waren seine Wächter. Es wurde nur von Karawanenstraßen durchquert, die von Händlern benutzt wurden, die zwischen Nepal und Tibet mit Getreide und Textilien handelten, aber der Zugang für Ausländer war verboten. Nur sehr wenige westliche Personen hatten das Privileg, es zu besuchen: unter den Italienern der Orientalist Giuseppe Tucci in den Dreißigerjahren (aber erst nachdem er

108-109 Das Dorf Chuksang, auf 2900 Metern Höhe, im unteren Teil des Tals von Kali Gandaki; im Hintergrund erhebt sich die Pyramide von Nilgiri, 7061 Meter hoch und Teil des Annapurna-Massivs.

109 Eine tibetische Brücke überquert den Kali-Gandaki-Fluss, eine der wichtigsten Wasserstraßen Nepals.

zum Buddhismus konvertiert war) und der Schriftsteller Fosco Maraini, der seine Hauptstadt Lo Manthang »Juwel des alten Tibet« nannte. Mustang blieb bis 1992 ein verborgenes Juwel, bis seine Grenzen vorsichtig für den Tourismus geöffnet wurden, ohne jedoch den Charme dieses Abenteuerlandes, einer Wüsten-Hochebene mit Blick auf die großen Gletscher, zu stören, wo man noch immer ein Erlebnis des totalen Eintauchens in die Natur und die tibetische Kultur abseits von Motoren und Flughäfen genießen kann. Ein paar tausend Besucher pro Jahr sind immer noch erlaubt, und zwischen abgelegenen Dörfern und mit Fresken geschmückten Tempeln ist es nicht schwer, sich wie die ersten Entdecker einer mittelalterlichen Welt zu fühlen, die auf wundersame Weise intakt geblieben ist. Vom kleinen Flughafen von Jomsom aus kann man der modernen Welt den Rücken kehren: eine einzige Start- und Landebahn, die in zwanzig Minuten mit dem Flugzeug mit Pokhara verbunden ist. Von hier aus beginnt die Wanderung auf der Hochebene: erster Halt Kagbeni, Dorf der Lehmhäuser auf 2800 Metern, am Ufer des Kali Gandaki. Es ist dieser Fluss, der das gesamte Reich von Mustang durchquert und zum erhabenen Reiseleiter dieser Wanderung wird, ein Nebenfluss des Ganges. Der Kali Gandaki entspringt auf über 6200 Metern Höhe und bildet in der tibetischen Hochebene eine Schlucht von imposanter Größe, zwischen Annapurna (8091 Meter) und dem Dhaulagiri (8167 Meter), sein Becken

umfasst über tausend Gletscher und Hunderte von Gletscherseen. Es bedarf einer fünftägigen Wanderung in einer phantasmagorischen Wüstenlandschaft, die von weit entfernten Berggletschern begrenzt wird, um die Hauptstadt Lo Manthang zu erreichen. Der Weg führt über hohe Pässe, von Mu La (4170 Meter) nach Marang La (4230 Meter), wo man die dünne Luft des Himalayas einatmen kann. Die Reise führt vorbei an alten Klöstern wie Ghar Gompa, gegründet im 8. Jahrhundert, und traditionellen Dörfern wie Geling, wo farbige Stupa oder Ghami mit ihrer langen Gebetswand bewundert werden können. Die Atmosphäre der tiefen Mystik verbindet sich mit einem spannenden Panorama: die gelben Felsklippen, die durch Erosion in spektakulären Formationen wie Orgelpfeifen geformt wurden, die dann ins Tal zu der seltenen Oase mit Terrassenfeldern reichen. Vor allem dank des klaren Himmels und des gefrorenen Profils der hohen Gipfel der Gebirgsgruppe Annapurna, erkennt man die

REISETIPPS

BESTE REISEZEIT Die beste Zeit für eine Wanderung im Mustang ist vor oder nach dem Monsun, der von Mai bis September dauert. Das Wetter ist stabil und sonnig, besonders im Oktober und November. Von Dezember bis März ist die Region von Schnee umgeben, mit niedrigen Temperaturen.

ANREISE Der Flughafen Jomsom ist täglich mit dem Flughafen Pokhara verbunden, der per Flugzeug oder auf dem Landweg von Kathmandu aus erreichbar ist. Für Wanderungen ist es am besten, sich auf lokale Reiseleiter zu verlassen, die von den vielen Betreibern Kathmandus vermittelt werden. Die Kosten für die Genehmigung ($50 pro Tag) sind in der Regel im Paket enthalten.

REISEGEPÄCK Für das Hochgebirgsklima sind technische Kleidung, Handschuhe und Mütze, Gletscherbrille, Schutzcremes und feste Wanderschuhe erforderlich. Nützlich ist ein Schlafsack, der auch bei einer Temperatur von -5 C° warmhält.

SCHWIERIGKEIT Die Pfade sind einfach, aber die Wege sind lang und anspruchsvoll. Starke Höhenunterschiede und Pässe von mehr als 4000 Metern erfordern eine gute Anpassung an die Höhe. Für diejenigen, die nicht wandern wollen, gibt es auch Routen mit Geländewagen und zu Pferd.

WEBSITES
www.welcomenepal.com,
www.mustangtrekkinginnepal.com

110 Aufstieg zum Rohi La, 4001 Meter hoch, vor der Kulisse der trockenen Felsen von Mustang. Die gesamte Wanderung entlang des Kali Gandaki erstreckt sich über 4000 Metern in der Höhe.

111 oben Eine farbenfrohe Stupa, buddhistischer Tempel, in der Nähe von Tsarang.

111 unten Eine Ziegenherde in Tetang; das Dorf, das 1960 während der chinesischen Kulturrevolution zerstört wurde, ist eine halbe Stunde zu Fuß von Chhusang entfernt.

112 Die gemeißelten roten Sandsteine bilden die unfassbar beeindruckende Kulisse von Dhakmar. Der Legende nach ist die Farbe des Felsens die des Blutes von Ogers Ballmo.

113 Tibetische Gebetsfahnen schmücken eine Stupa von Ghami, einem der charakteristischsten Dörfer entlang des Tals von Kali Gandaki. Der Fluss, der sich im Herzen des Himalaya auf über 6000 Meter erhebt, durchzieht das gesamte Königreich Mustang und bewässert die Gärten um die Dörfer, der einzige grüne Fleck in der Wüstenlandschaft.

Nilgiris. Schließlich erscheint Manthang eingebettet in runde Hügel, auf 3800 Metern über dem Meeresspiegel, umgeben von Gemüsegärten und dem Viereck der mittelalterlichen Mauern, deren Türen zur Zeit des Königs jeden Abend geschlossen waren. Sie ist die höchste Hauptstadt der Welt und auch die kleinste: mit weniger als tausend Einwohnern. Ihre Gassen, eng zwischen den weiß getünchten Häusern, haben noch nie das Geräusch eines Motors gehört, nur die Schritte der Menschen und die Hufe der Pferde, die in der Vergangenheit nur den Mitgliedern der Familie des Königs vorbehalten waren. Der königliche Palast mit seinem massiven fünfstöckigen Gebäude dominiert das Zentrum; es gibt vier Haupttempel, die alle zwischen dem 15. und 18. Jahrhundert erbaut wurden. Die beste Zeit ist im Mai, dem Ende der Trockenzeit, die mit dem Tiji-Festival gefeiert wird, einem jahrhundertealten Fest, das zwischen Tänzen und üppigen Kostümen den Kampf zwischen Gut und Böse inszeniert. Von der Hauptstadt aus kann man auf Wanderwegen nach Süden zurückkehren, um Tempel zu besuchen, wie den wunderschönen Luri Gompa auf fast 4000 Metern, der im Newari-Stil bemalt ist (Kathmandu-Tal) und die Aussicht vom Cha Cho La (4015 Meter) genießen. Die letzte Etappe vor der Rückkehr nach Jomsom ist der heilige Tempel von Muktinath (3710 Meter). Die Pagode beherbergt eine winzige Statue von Vishnu, aber hier, am Fuße der Riesen des Himalaya, verehren Buddhisten und Hindus gemeinsam die kosmischen Kräfte der Schöpfung.

Im letzten Vierteljahrhundert hat die Moderne versucht, in das alte Königreich Mustang einzudringen: Die Monarchie ging 2008 zusammen mit Nepal (zu dem Mustang gehört) unter und verschwand 2016 mit dem Tod des letzten Königs Jigme Palbar Bista vollständig. Der ehemalige Herrscher hatte bis zum Schluss allen Ausländern, die ihn treffen wollten, ein Treffen erlaubt. Heute wird das kleine Königreich von asphaltierten Straßen aus Nord und Süd beengt: Erbaut sowohl von der chinesischen als auch der nepalesischen Regierung, während der Besucherandrang trotz der hohen Kosten für die Aufenthaltserlaubnis zunimmt und auch Geländewagen-Routen eröffnet wurden. Aber es bleibt noch immer ein großartiges Ziel für Wanderer, die die antike Welt und wahre Oasen der Spiritualität entdecken wollen.

INDIEN

DIE LEBENDEN BRÜCKEN DES MEGHALAYA

VEGETATION, WASSERWEGE UND WASSERFÄLLE IN EINER DER FEUCHTESTEN REGIONEN DER WELT: HIER WERDEN DIE FLÜSSE ÜBERQUERT, INDEM MAN AUF DEN HÄNGENDEN WURZELN DER GUMMIBÄUME WANDERT.

Im Nordosten Indiens, an der Grenze zu Bangladesch, ist einer der sieben Schwesterstaaten der Meghalaya, dessen Name die Hauptelemente dieses Landes umschließt: Auf Sanskrit bedeutet *Megham* tatsächlich »Wolken«, *Alayam* »Wohnen«. Hier im Reich der Wolken ist der Himmel wirklich selten zu sehen. In einer der regenreichsten Gegenden der Welt, im tropischen Dschungel, der der lokalen Bevölkerung heilig ist, hat der Kontakt mit der Natur einen fast primitiven Reiz. Während der Monsunzeit sind die Wasserläufe, die von den Bergen hinunter ins Tal

114 Die Luftwurzelbrücken widerstehen einer der feuchtesten Klimazonen der Erde und verbinden die Dörfer von Meghalaya; etwa ein Drittel der Region ist mit subtropischen Wäldern mit fast immergrünen Pflanzen bedeckt.

114-115 Die Double Decker Living Roots Bridge im Dorf Nongriat ist die außergewöhnliche doppelstöckige lebendige Wurzelbrücke.

Bäume sind die unendliche Anstrengung der Erde, mit dem lauschenden Himmel zu sprechen.

Rabindranath Tagore

REISETIPPS

BESTE REISEZEIT Während des Monsuns, zwischen Mai und August, wird der Staat Meghalaya von heftigen Regenfällen heimgesucht und obwohl die Straßen in gutem Zustand sind, kann es schwierig sein, die Wege zu begehen. Hier werden die jährlichen, monatlichen und täglichen Rekord-Niederschlagsdaten der ganzen Welt erfasst (z.B. 12 Meter Regen pro Jahr im letzten halben Jahrhundert). Es ist daher besser, eine Wanderung zwischen September und April zu planen.

ANREISE Die Stadt Guwahati im Bundesstaat Assam ist der größte Knotenpunkt, von dem aus Sie die Hauptstadt Meghalaya, Shillong, mit privaten oder Sammeltaxis erreichen können; alternativ können Sie ein Auto am Flughafen oder online mieten. Für Wanderungen zwischen den Wurzelbrücken ist die nächste Stadt Cherrapunjee, die von Shillong aus in zwei Stunden erreichbar ist.

REISEGEPÄCK Das Wetter ist unvorhersehbar, aber immer sehr feucht; die ideale Kleidung besteht aus leichter, schnell trocknender Kleidung, langen Hosen, Regenmantel und rutschfesten Wanderschuhen.

SCHWIERIGKEIT Wanderungen sind für jedermann möglich, außer für sehr kleine Kinder oder Erwachsene mit motorischen Schwierigkeiten.

WEBSITES www.incredibleindia.org, www.indiatourismmilan.com

fließen, zu Fuß nicht zu überqueren, sodass die Khasi – eine der drei einheimischen Volksgruppen, die den Wald bewohnen – seit über einem Jahrhundert ein System entworfen haben, das die natürliche Kraft der Vegetation nutzt. Mit einer geduldigen Webarbeit, die sogar zwanzig Jahre dauern kann, schaffen sie Brücken aus geflochtenen Wurzeln von den beiden Seiten der Wasserwege, die sich auf halbem Weg treffen. Das Ergebnis ist eine vom Menschen vorbereitete und von der Natur geformte lebendige Verbindung, die die starken Wurzeln der Gummibäume (*Ficus elastica*) nutzt, die sich um die Betelpfefferstämme geschlungen haben. Lebendige Brücken zeigen, dass die Natur weiser ist als der Mensch: Die Wurzeln verrotten trotz des ständig regnerischen Klimas nicht, im Gegenteil, sie werden mit den Jahren immer stärker. Die berühmteste dieser natürlichen Brücken liegt in der Nähe von Nongriat, einem kleinen Dorf, das nur zu Fuß vom nahe gelegenen Dorf Tyrna aus erreichbar ist. Sie heißt die Double Decker Living Roots Bridge (oder Jingkieng Nongriat) und ist eine spektakuläre doppelte Brücke, die den Fluss Umshiang überquert. Um sie zu erreichen, muss man mithilfe von lokalen Reiseleitern und Experten etwa 3500 Stufen im Dschungel durch ein sehr steiles Gelände, zwischen Hängebrücken, üppiger Vegetation und bunten Schmetterlingen, einen Fußweg von etwa drei Stunden zurücklegen. Während des Weges ein Bad in den kristallklaren Wasserbecken zu nehmen ist eine wahre Versuchung.

116 Zwei Khasi-Kinder, eine der indigenen ethnischen Gruppen im Meghalaya-Dschungel, überqueren den Fluss auf einer alten Brücke, die mit geschickter Weberei gebaut wurde.

117 Die Ritymmen-Brücke ist mit über 30 Metern Länge die längste lebende Brücke.

DAS STRAHLEN DES MEERES

IN MONDKLAREN NÄCHTEN ERSTRAHLT DIE UFERLINIE WIE EIN STERNBILD AUS LEUCHTENDEN BLAUEN PUNKTEN, ALS WÄRE SIE EIN SPIEGELBILD DES STERNENHIMMELS.

Zuerst denkt man vielleicht an die Anwesenheit fremder Kreaturen oder dass man am Set des Films *Schiffbruch mit Tiger* gelandet ist. Manchmal kommen sie in Scharen vor, wie ein phosphoreszierender Gelee, der am Strand liegt. Meistens sind es gelegentliche Begegnungen gefolgt von fast nicht wahrnehmbarer Veränderungen: das leichte Brechen einer Welle auf dem Sand, die Bewegung des Fußes, der das Wasser bewegt. Manchmal sind es nur Momente, dann verschwindet die Magie. Andere Male hält das Phänomen an und man sollte ins Wasser gehen und sich in eine schöne futuristische Skulptur verwandeln lassen.

Obwohl brillant, ist das Phänomen der Biolumineszenz noch unklar. Erst kürzlich haben Wissenschaftler entdeckt, dass die Erleuchtung dieses speziellen Planktons durch Stress ausgelöst wird. Mikroskopische Organismen interpretieren die Begegnung mit der Strandfläche oder mit einem Fremdkörper verständlicherweise als Gefahrensituation und beginnen, kaltes Licht zu emittieren. Die Chemikalie, die Licht erzeugt, wird interessanterweise »Luciferine« genannt. Einige Kreaturen benötigen ein bestimmtes Nahrungsmittel oder die Anwesenheit einer anderen Kreatur, aber diese spezielle Art von Plankton, die *Dinoflagellaten* genannt wird, produziert es auf spontane Weise. Es ist ein kaltes Licht, das nur sehr wenig Wärme erzeugt.

So weit ist alles klar: Leider behaupten andere Forscher, dass es sich nicht um Plankton, sondern um kleine Krustentiere, Muscheln, seltsame Raubtiere von weniger als einem Millimeter Größe handelt, die leuchten, um Beute anzulocken. Jenseits der wissenschaftlichen Debatte ist die Beobachtung

118 und 119 Der Einzeller, der das Phänomen der Biolumineszenz erzeugt, ist wirklich winzig: Er hat eine runde Form und misst maximal 200 bis 2000 Nanomillimeter.

REISETIPPS

BESTE REISEZEIT Der Zeitraum zwischen Juni und September ist der beste Zeitpunkt, um zu versuchen, das Phänomen zu entdecken.

ANREISE Am internationalen Flughafen von Malé angekommen, findet die Weiterfahrt zu den Atollen mit Inlandsflügen, mit dem Wasserflugzeug oder Motorboot oder einer Kombination aus dreien statt.

REISEGEPÄCK Sommerkleidung, Sonnenschutz und Sonnenbrille. Für nächtliche Beobachtungsfahrten sollten Sie eine leichte wasserdichte Jacke oder ein wärmeres Kleidungsstück nicht vergessen.

SCHWIERIGKEIT Zugänglich für alle.

WEBSITES
www.visitmaldives.com
www.maldives.com
www.123maldives.com
www.mondomaldive.it

120-121 Millionen von Noctiluca-Szintillanen bedecken einen Strand auf der Insel Vaadhoo, im Norden des Archipels. In Placton gibt es eutrophe, nährstoffreiche Gewässer, deren Temperaturen nie über 30 °C steigen. Die Energie, die sie freisetzen, ist die durch die Sonneneinstrahlung angesammelte Energie

dieses Phänomens ebenso spannend wie romantisch. Ideal sind mondlose Nächte in den heißesten Jahreszeiten. Der elektrische blaue Glanz dieser Lumineszenz zeigt sich im Mittelmeer (Korsika und Sardinien), in der Karibik (Panama und Puerto Rico), in Australien, Thailand und auf den Philippinen. Die Malediven sind jedoch das Gebiet, das die beständigste Kontinuität der Sichtungen aufweist. Weil der Indische Ozean von diesen Kreaturen dichter besiedelt zu sein scheint als andere Meere. Große Teile des Ozeans können eine beträchtliche Konzentration dieser Lebewesen erreichen und wenn ihre Agglomerationen eine Lagune berühren, wie im Falle von Korallenatollen, bleiben die Massen an Plankton, die von der Strömung angezogen werden, gefangen. Auf diese Weise wird das Phänomen für diejenigen sichtbar, die das Glück haben, am richtigen Strand zu sein. Zu den Inseln mit der höchsten Anzahl von Berichten gehören Vaadhoo im Atoll von Raa, aber auch die Insel Dhuni Kolhu im Atoll von Baa. Darüber hinaus erstreckt sich dieser unendliche Archipel am Äquator über 800 Kilometer Länge und eine Breite von 120 Metern. Die Geografen zählen eine Gesamtzahl von Inseln zwischen 1300 und 13 000, je nachdem, ob sie auch Korallenbänke, kleine Inselgruppen oder Sandspitzen dazuzählen oder nicht. Die Regierung der Republik Malediven hat festgelegt, dass es 1192 Inseln gibt, die in 26 natürliche Atolle unterteilt sind, von denen 202 bewohnt sind (d.h. mindestens ein Dorf und eine Moschee) und zu denen hundert Inselresorts hinzukommen. Daneben existieren etliche Lagunen, die biolumineszierende Wesen beherbergen.

WIE ENTSTEHT EIN ATOLL?

Der Weg, den die Natur geht, um ein Atoll zu schaffen, ist viel komplexer, als man denkt. Ein Atoll ist eine Insel, die in diesen Bereichen im Allgemeinen nichts anderes ist als eine mehr oder weniger ausgedehnte Sandbank mit einer Barriere um sie herum, die nahe der Wasseroberfläche liegt. Oder es wäre besser, das Gegenteil zu behaupten, denn das Atoll selbst ist in erster Linie ein Korallenriff, das ein »Wasserbecken« im Meer umgibt, das eine oder mehrere Inseln »enthalten« oder nicht enthalten kann. Das gleiche Riff kann zum Teil durch Inseln, entstandene Sandbänke oder einfach durch Korallen gebildet werden. Die Malediven sind, wie viele andere Archipele, das Ergebnis des Aufstiegs großer vulkanischer Reliefs aus dem Meeresboden, die am Ende von Wasser überflutet wurden. Die Ränder der Krater, oder was von ihnen übrig ist, nach der unaufhörlichen Arbeit der Ströme und Wellen, wurden von Korallen, Algen, mikroskopischen Polypen, Steinkorallen und anderen Meeresbewohnern besiedelt (dies ist nicht die Reihenfolge ihres Erscheinens).

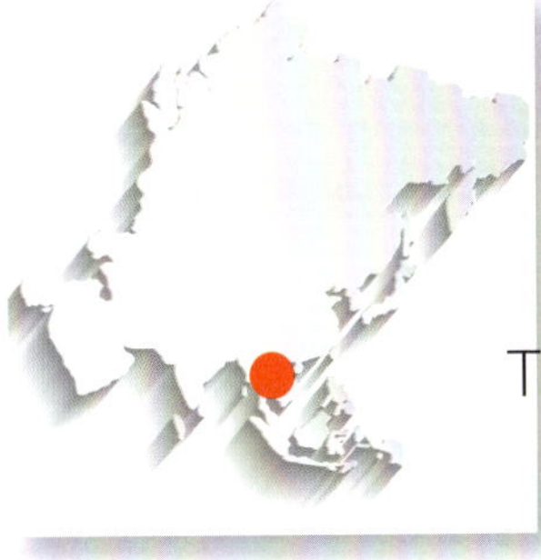

SEGELN ZWISCHEN DEN LOTUSBLÜTEN

EINE FARBPALETTE, DIE NUR DIE NATUR BIETEN KANN, EINE FLÄCHE VON SAMTIG SCHWEBENDEN BLUMENKRONEN, ZWISCHEN LEUCHTENDEM ROSA UND DUNKLEM MAGENTA.

Nordostthailand, Provinz Udon Thani. Das Boot beginnt seine Tour auf dem Wasser des Roten Lotusmeeres, im Kumphawapi-Reservat, das einen Garten mit tropischen Blumen mit dem Frieden eines Sees verbindet, in dem sich der Himmel spiegelt. Es ist ein Garten voller Blumenarten, so weit das Auge reicht, zwischen kleinen Lastkähnen, die an den

122 Die Blumenkronen der Lotusblüten befinden sich in der Blütezeit; der frühe Morgen ist die beste Zeit, um sie zu bewundern. Für die orientalische Tradition sind sie das Symbol der Reinheit: Obwohl sich ihre Wurzeln im Schlamm befinden, sind die Blütenblätter makellos.

123 Ein typisches Boot, das auf dem Wasser des Sees fährt, das nur einen Meter tief ist.

REISETIPPS

BESTE REISEZEIT Die beste Zeit ist die kalte Jahreszeit, mit einer Zeit der maximalen Blütezeit von Anfang Dezember bis Ende Februar, Januar bleibt die ideale Zeit, in deren Mitte das Red Lotus Sea Festival stattfindet.

ANREISE Vom Flughafen Udon Thani aus ist das Rote Lotusmeer in ca. 50 Minuten mit dem Auto über die Route 2 zu erreichen. Mit dem Taxi ist es einfacher, dorthin zu gelangen, da die Schilder oft nur in thailändischer Sprache sind.

REISEGEPÄCK Leichte Kleidung, besser aus Naturfasern; selten kühlt es zu stark ab, eine Jacke für ein paar Winterabende genügt. Bequeme Schuhe und Insektenschutzmittel.

SCHWIERIGKEIT Das Gebiet ist nicht mit öffentlichen Verkehrsmitteln erreichbar; wenn Sie am Zielort angekommen sind, ist der Besuch für jeden geeignet.

WEBSITES
www.turismothailandese.it/it/places/red-lotus-sea

Ufern liegen, sieht man Seerosen, wilde Pflanzen und winzige Fische unter den Algen. Aber das ist noch nicht alles. Nach einer zehnminütigen, langsamen und angenehmen Fahrt färbt sich der Horizont rosa, fast so, als ob man plötzlich am Eingang eines parallelen Mikrokosmos stünde, der nur von Vögeln durchquert wird, die über das Wasser gleiten. Wenn man in einer Landschaft voller Stille bei den Lotusblüten ankommt, wird man völlig von dem Anblick vereinnahmt. Die Blumenkronen erscheinen auf dem Wasser, auf der silbernen Oberfläche, zart und doch erhaben, denn sie wissen, dass sie bezaubernd schön sind. Für die buddhistische Kultur ist der Lotus eine heilige Blume, die mit Meditation und spiritueller Erhöhung verbunden ist. Sie reichen unendlich weit, endlose Schattierungen von Weiß, Rosa, Rot und Pink. Während der Reise, auf großen, mit Strohmatten bedeckten Plätzen sitzend, entsteht der Eindruck, dass die Zeit angehalten wurde und man darauf wartet, dass man am besten Panoramapunkt anhält, um für immer etwas Unvergessliches zu verewigen. Die Fahrten an Bord dauern 45 bis 90 Minuten und in den heißesten Stunden schützt ein Vordachzelt die Passagiere vor der Sonne. Umher scheinen einige Inseln fast zu schweben, wenn die Touristen vorbeikommen. Buddha-Statuen, Heiligtümer und Pagoden sind die stillen Wächter dieser unerwarteten Märchenwelt. Der Sonnenaufgang ist der perfekte Verbündete für das Öffnen der Blumenkronen.

124 Lotusblüten werden geerntet und nicht nur zu dekorativen Zwecken, sondern auch als Zutat in verschiedenen asiatischen Gerichten verwendet.

125 oben Das Fischen auf dem See erfolgt mit traditionellen Netzen. Sie sind oft mit Pangasius gefüllt, einem in Thailand weit verbreiteten Süßwasser-Knochenfisch.

125 unten Das Kumphawadpi-Reservat ist die Heimat vieler Vogelarten, einschließlich des Watvogels.

SON DOONG, EINE REISE DURCH DIE ZEIT

IN DER VIETNAMESISCHEN HÖHLE, DIE ALS DIE GRÖSSTE DER WELT GILT, GIBT ES UNTERIRDISCHE FLÜSSE ZU DURCHWATEN, ZWISCHEN DSCHUNGEL UND FARNWÄLDERN, SOWIE NATÜRLICHE KONKRETIONEN, DIE DURCH KLETTERN ÜBERWUNDEN WERDEN MÜSSEN.

Sobald man die Höhle Son Doong betritt, taucht man in eine verzauberte Landschaft. Massive Stalaktiten, die bis zu 70 Meter hoch sind, hängen von oben herab und imposante Stalagmiten erheben sich aus dem Boden, während ein frischer Wind, der durch das besondere Mikroklima erzeugt wird, die Haut zart streichelt und die Magie des unterirdischen Dschungels einläutet, die fast auf surreale Weise aus dem Herzen der Höhle stammt. Riesige natürliche Oberlichter, die durch Einstürze in der Decke

126-127 Wanderer in der Son-Doong-Höhle, beleuchtet von senkrechten Sonnenstrahlen. Die ersten, die dieses natürliche Labyrinth betraten, waren britische Entdecker unter der Leitung des Höhlenforschers Howard Limbert.

127 Ein enger Durchgang zwischen den Höhlen von Hang En wird auch »Mauersegler-Höhle« genannt, da sie von diesen Vögeln bewohnt werden, die hier ihre Nester bauen..

entstanden sind und auf 300 000 Jahre zurückgehen, lassen Licht und Wasser durchscheinen. Zusammen mit den Wasserläufen, die die Höhle durchqueren und den Fels zu Terrassen formen, haben sie die Verbreitung einer dichten Vegetation begünstigt, ein faszinierendes unterirdisches Ökosystem aus Farnen und einer vielfältigen Wildflora, das von Schlangen und Affen bewohnt wird, darunter die seltenen Arten der Hatinh-Langur (*Trachypithecus hatinhensis*), viele Vögel, Tiger in den abgelegensten Gebieten und Flughunde. Wolken und Nebelbänke, Regen, Gewitter und Wasserfälle verändern das Licht und die Atmosphäre: dunkle Tunnel und schimmernde Strände, Spiegelungen und blendendes Licht. Fossilien, die Millionen von Jahren zurückreichen. Die Höhlr ist 9 Kilometer lang und kann eine Höhe von 90 Metern erreichen, in einigen Abschnitten ist sie etwa 200 Meter breit. Groß genug, um eine Boeing 747 zu beherbergen. Wenn man im Unterholz spazieren geht, scheint man sich in einem Teil Amazoniens zu bewegen, der wie ein riesiges Filmstudio wirkt. Die Son-Doong-Höhle, die von einem unterirdischen Fluss geschaffen wurde, befindet sich im Herzen des Nationalparks Phong Nha-Ke Bang, einem Komplex von über 300 Höhlen und Grotten in einer der größten Kalksteinregionen der Welt, in der Provinz Quang Bình, Zentralvietnam. Die Höhle wurde 1991 von einem lokalen Bauern zufällig entdeckt, 2009 von einem Team professioneller Höhlenforscher erkundet und 2013 der Öffentlichkeit zugänglich gemacht, jedoch nur für eine begrenzte Anzahl von Besuchern. Das adrenalingeladene Abenteuer besteht aus Dschungelwanderungen, Seilklettern und Überqueren von unterirdischen Wasserwegen, um spektakuläre Landschaften zu erreichen. Um die Weite zu erkunden, bietet das Reiseerlebnis drei Nächte. Man verzichtet auf Komfort, aber nicht auf das Privileg, zwischen steilen Wänden unter einem Dach von Milliarden von Sternen zu schlafen.

REISETIPPS

BESTE REISEZEIT Die beste Zeit ist von Ende Januar bis Juni; die Höhle kann nicht von September bis Mitte Januar besucht werden, wenn der Fluss Hochwasser hat und die Überquerung nicht sicher ist. Juli und August haben den Nachteil, dass sie besonders heiß und feucht sind. Aufgrund der begrenzten Anzahl von Besuchern ist es notwendig, rechtzeitig zu buchen.

ANREISE Die nächstgelegene Stadt ist Dong Hoi in der Provinz Quang Bình, die von Hanoi aus mit dem Zug oder Bus (10 Stunden) oder mit dem Flugzeug (eineinhalb Stunden) erreichbar ist. In ca. 45 Minuten Fahrt mit dem eigenen Fahrzeug oder dem Bus erreichen Sie den Park Phong Nha-Ke Bang und dann die Höhle. Um diese zu besichtigen, ist die Kontaktaufnahme mit autorisierten Stellen unerlässlich.

REISEGEPÄCK Wasserdichte Wanderschuhe, da man auf einigen Routen bis zum Knöchel oder Knie ins Wasser steigen muss. Insektenschutzmittel, Ersatzschuhe, Fleecedecke, Trockenshampoo und Feuchttücher (Wasser ist begrenzt). Die Ausrüstung, einschließlich Zelt, Seile und Leuchten, wird vom Reisebüro gestellt.

SCHWIERIGKEIT Mittlerer bis hoher Schwierigkeitsgrad, erfordert eine ausreichende körperliche Kondition (Schwimmen, Klettern, große Höhen) und Anpassungsfähigkeit, in vier Tagen schafft man 50 km.

WEBSITES
oxalis.com.vn/cave/son-doong-cave
www.sondoongcave.org

128 Speläologische Expeditionen haben 150 Höhlen und 140 km Tunnel erfasst; das einfallende Licht ermöglicht Vegetation in den tiefsten Schluchten.

129 An der Raststelle in der Höhle von Hang En, dem einzigen autorisierten Ort, an dem man zu Abend essen kann.

IM REICH DER BIODIVERSITÄT

ENDLOSE ÖKOSYSTEME, TAUSENDE VON BAUMARTEN, BIZARRE TIERWELT UND DIE GRÖSSTE BLUME DER WELT: DAS IST DIE SCHATZKISTE DES MULU-NATIONALPARKS.

Es ist kein Zufall, dass er »der Garten Eden« genannt wird: Er umfasst acht Arten von äquatorialen Wäldern mit Tausenden von Pflanzenarten, ein Hektar seines primären Regenwaldes beherbergt eine größere Vielfalt an Pflanzen als Nordamerika und an einem einzigen Baum leben mehr als tausend Arten von Insekten.

130 Sandstein-Türme tauchen aus dem schweißtreibenden Dschungel auf. Scharf und spitz, können sie bis zu 40 Meter hoch sein.

130–131 Eine Hängebrücke im Regenwald. Sarawak, die malaysische Region, in der der Mulu-Nationalpark liegt, ist zu zwei Dritteln von feuchten Wäldern bedeckt.

REISETIPPS

BESTE REISEZEIT Die beste Zeit ist von Juni bis September. Der Monsun dauert von Dezember bis März, aber es regnet das ganze Jahr über mit einer stetigen Hitze und einer sehr hohen Luftfeuchtigkeit.

ANREISE Der Mulu-Nationalpark ist mit dem Flugzeug erreichbar, tägliche Flüge starten von Miri und vier Flüge pro Woche von Kuching und Kota Kinabalu. Die Ausflüge beginnen in den Büros des Parks, finden zu Fuß oder mit dem Boot statt und erfordern immer einen Reiseleiter. Allein können Sie nur um das Hauptquartier und das nahe gelegene Resort wandern.

REISEGEPÄCK Leichte Sportbekleidung, lange Hosen, Wanderschuhe, Badekleidung, Insektenschutzmittel für den Dschungel, Fernglas zur Beobachtung von Tieren.

SCHWIERIGKEIT Die klimatischen Bedingungen können aufgrund der hohen Luftfeuchtigkeit eine Rolle spielen; der Ausflug kann hinsichtlich der Agilität und körperlichen Kondition angepasst werden.

WEBSITES
www.mulupark.com
www.forestry.sarawak.gov.my
www.malaysia.travel

Das Dach aus Zweigen und Lianen, das den Dschungel bedeckt, beherbergt die unwahrscheinlichsten fliegenden Tiere: Orang-Utans, Gibbons, Nasenaffen, Kapuzineraffen, Faulaffen (kleine nächtliche Baumprimaten), acht verschiedene Nashornvögel, springende Eidechsen, Warane, Eichhörnchen, Frösche und Spinnen, die so groß sind, dass sie Vögel fressen. Das Schutzgebiet sammelt Rekorde und einzigartige Naturphänomene. Zwei Drittel des Parks (7534 Quadratkilometer) befinden sich in der Region Sarawak, zwei Drittel davon sind bewaldet und werden von tausend Wasseradern gespeist. Um von Kuching, der Hauptstadt von Sarawak, den Mulu zu erreichen, fliegt das Flugzeug zwei Stunden lang über einen verworrenen feuchten Wald, der von den sich schlängelnden, mit Wasser gefüllten Flüssen durchzogen wird. Wenn man glaubt, dass es keine Überraschungen mehr geben kann, erscheint die größte Attraktion des Parks. Es ist ein Netz aus Höhlen, die wichtigste Karstformation der tropischen Regionen. Machen Sie sich bereit für eine Reise unter die Erdoberfläche, eine Reise voller Überraschungen, ein Naturspielplatz für diejenigen, die keine Angst haben, in einer Welt zu wandern, die die Sonne nicht kennt.

Einige Höhlen sind vom Hauptsitz aus per Piroge-Boot oder auf Holzstegen zwischen hoch aufragenden Bäumen zu erreichen, die mit Schildern wie in einem botanischen Garten gekennzeichnet sind. Diese Konzentration von Höhlen offenbart eine geologische Geschichte, die anderthalb Millionen Jahre zurückreicht, eine morphologische Einzigartigkeit, die sich mit Höhlen und Sandsteinspitzen abwechselt: Der Park wird vom Gunung Mulu dominiert, einem zyklopischen Gipfel von 2376 Metern Höhe. In einer langen Reihe von Höhlen, von denen die Deer Cave die berühmteste ist, sind die angrenzende Wind Cave und die Clear Water Cave die spektakulärsten: Sie sind mit einer einstündigen Piroge am Fluss Mulu zu erreichen und können dank eines Netzes von Metalltreppen, die einen Slalom um Stalaktiten und Stalagmiten bilden, besichtigt werden. Ein Besuch der Deer Cave, etwa 4 Kilometer zu Fuß, ist ein wirklich erstaunliches Erlebnis. Eine 800 Meter lange und 127 Meter hohe Höhle mit doppeltem Eingang, beleuchtet von großen natürlichen

132 In der Hirschhöhle (Deer Cave), deren geologische Geschichte anderthalb Millionen Jahre zurückreicht.

133 In der 107 Kilometer langen Clear Water Cave befindet sich ein teilweise schiffbarer unterirdischer Fluss.

134 Eine unterirdische Passage, die von einem flachen Wasserlauf gegraben wurde; hier fließt reinstes Trinkwasser. Die zulässige Reiseroute verläuft durch insgesamt zehn Höhlen.

135 Die majestätischen Gewölbe der Windhöhle schaffen eine Atmosphäre mit feinsten Strömungen.

Fenstern und bevölkert von zwei Millionen Fledermäusen, die kurz vor Sonnenuntergang die Höhle verlassen und den Himmel für eine Stunde verdunkeln. Ihre Mauern beherbergen auch Millionen von Schwalben, die zu vier verschiedenen Arten gehören und die essbare Nester bilden, die seit fünf Jahrhunderten in der traditionellen Medizin verwendet werden. Unmittelbar dahinter liegt die kleinere Langs Cave, wo Fledermäuse leichter zu beobachten sind und kleine blinde weiße Garnelen in den Wasserpfützen schwimmen und sich auf diese Weise an die Dunkelheit der Höhle angepasst haben. Clear Water Cave ist das längste Höhlensystem in Südostasien, in dessen Inneren der Melinau fließt, ein unterirdischer schiffbarer Fluss, der auch wild und heftig sein kann. Man würde es fast nicht glauben, wenn man aus der Höhle kommt, wo man sich beim Schwimmen in dem tiefen Wasserbecken, in das eine Flussader mündet, abkühlen kann. Von hier aus ist es möglich, den ausgestatteten Bereich zu erreichen, um zum Mittagessen eine Pause einzulegen und im Einklang mit dem Wald zu atmen. Die Furchtlosesten können sich noch etwas trauen. Mit einer kurzen Bootsfahrt, in Gruppen von nur 12 Personen, erreicht man über eine Fußgängerbrücke die »Höhle der Ursprünge«. Auf sie warten Höhlengrillen, Spinnen mit glänzenden Augen und Schlangen mit blauen Schuppen. Die biologische Vielfalt von Tieren und Pflanzen hat den Mulu-Nationalpark zum UNESCO-Weltkulturerbe gemacht, wegen der Biodiversität, der geomorphologischen Einzigartigkeit und der Schönheit der Natur.

DIE PENAN, DIE ANTIKEN EINWOHNER

*Auf halbem Weg zwischen der Basis des Parks und Clear Water Cave befindet sich am Fluss ein Penandorf. Es ist die primitivste ethnische Gruppe von Borneo, die auf weniger als 4000 Individuen reduziert ist und eine ungewisse Zukunft hat. Die Penan sind eines der letzten nomadischen Jäger-und-Sammler-Völker, sie leben in Symbiose mit dem Wald, sie betreiben keine Landwirtschaft und ihnen ist das Konzept von Privateigentum unbekannt. Sie lebten schon immer in improvisierten Unterständen aus Ästen und Zweigen neben Sagowäldern, einer Palme, aus deren Mark sie Nahrungsmehl gewinnen. Sie verbringen maximal zwei Wochen am selben Ort und gehen dann weiter und jagen – mithilfe von giftigen Pfeilen, die aus Blasrohren geblasen werden – Hirsche, Affen, Nebelparder, Schwarzbären und vor allem Bartschweine, eine Art von Wildschweinen (*Sus barbatus*) die flink in den Flüssen des Parks schwimmen. Auf der Sarawak-Seite leben stattdessen die Volksgruppen Iban und Orang Ulu, die integrierter sind und Interesse am Handel mit Besuchern zeigen.*

AUF DEN KIRSCHBLÜTENWEGEN

DREISSIGTAUSEND BLÜHENDE BÄUME MIT ROSA BLÜTENBLÄTTERN, DIE DEN WEG ENTLANGTANZEN. SO WIRD DER FRÜHLING AUF DEM BERG YOSHINO BEGRÜSST.

Ein Ereignis, das erwartet, fast verehrt wird und mit einer solchen Theatralik gelebt wird, wie kein anderes Naturereignis: Die Blütezeit der Kirschbäume in Japan ist eine Magie, die sich jedes Jahr zwischen Ende März und den ersten Tagen im Mai wiederholt. *Hanami* – was auf Japanisch wörtlich »Blumen betrachten« bedeutet – beschränkt sich nicht auf die Betrachtung der vergänglichen und intensiven Schönheit der rosa Blütenblätter der vom Wind bewegten Kirschbäume, es ist vielmehr ein kollektives Ritual, ein Moment der Feier, in dem die Zeit der Wiedergeburt mit Spaziergängen und Picknicks in der Natur gefeiert wird.

136 Auf dem Berg Yoshino, in der Bezirkshauptstadt Nara, und eine Explosion von 200 verschiedenen Sorten von Knospen.

137 Das Wohngebiet von Meguro, Tokio, zur der am meisten erwarteten Jahreszeit: dem Frühling.

Will Ferguson erzählt, dass er in *Hitching Rides with Buddha* per Anhalter fuhr, um die Blütezeit der *Sakuras* (*Prunus serrulata*) zu verfolgen, angefangen bei den Gärten von Kagoshima, einer der südlichsten Städte, bis hin zur späteren von Sapporo im Norden. Wer keine Zeit hat, die von Will Ferguson erzählte Reise zu wiederholen, findet im zentralen Teil der Bezirkshauptstadt Nara das Schauspiel von 30 000 blühenden Kirschbäumen. Dies ist der Berg Yoshino, der seit Jahrhunderten als einer der beliebtesten Orte gilt, um zwischen den Blütenblättern zu wandern, die in der Luft schweben, während sie in Zeitlupe fallen und im Wind tanzen. Man sagt, dass die ersten Bäume vor mehr als 1300 Jahren entlang der Hänge gepflanzt wurden. Noch heute wachsen etwa 200 verschiedene Kirschbaumsorten, mit einer Blütezeit, die je nach den vier Bereichen, in die der Berg unterteilt ist, von unten nach oben unterschiedlich beginnt und den Besuchern die Möglichkeit gibt, die Blüte fast einen ganzen Monat lang zu genießen. Auch nachts beleuchtet, können die Kirschbäume jederzeit mit ihren verschie-denen und wunderbaren Farbnuancen bewundert werden. Die Stadt Yoshino ist mit der Seilbahn oder zu Fuß in etwa zwei Stunden über den steilen Aufstieg zu erreichen, der mit Souvenirständen und Essbuden komplett in Rosa gehüllt ist. Tempel, Pilgerstätten und Panoramapunkte bieten sich hier dem Besucher. Um jedoch keinen einzigen Moment der zerbrechlichen Schönheit der blühenden *Sakuras* zu verpassen, muss man den Weg bis zum Gipfel des Mount Yoshino fortsetzen, begleitet vom Gesang der Vögel.

REISETIPPS

BESTE REISEZEIT Die Tage der Kirschblütenzeit variieren von Jahr zu Jahr, aber die Termine werden mit detaillierten Prognosen bekannt gegeben, auch online. Die beste Zeit ist von Ende März bis Ende April.

ANREISE Um die Kirschblüte auf dem Berg Yoshino zu sehen, befindet sich der nächste Bahnhof Yoshinoyama auf der Kintetsu-Yoshino-Linie. Von den Bahnhöfen Osaka und Kyoto aus sind es etwa anderthalb Stunden. Mit dem Auto können Sie am Stadtrand parken und Ihr Ziel mit dem Shuttlebus erreichen.

REISEGEPÄCK Bequeme Schuhe, wasserdicht bei Regen, und eine Picknickdecke. Um mehr in die japanische Kultur einzutauchen, kann man einen Kimono tragen, da sich viele Frauen unter den Kirschbäumen mit ihrem besten Kleid fotografieren lassen.

SCHWIERIGKEIT Es ist möglich, unterschiedlich lange Routen entlang des Berges je nach den persönlichen Bedürfnissen zu wählen. Die weniger Erfahrenen können die Station Yoshinoyama auf dem Berg mit der Senbonzakura-Seilbahn erreichen, während diejenigen, die genug Puste haben, die 8 Kilometer zum höchsten Teil des Berges wandern können.

WEBSITES
www.yoshinoyama-sakura.jp/english
www.town.yoshino.nara.jp/kankoevent/kanouki/kaika/
www.jnto.go.jp/sakura/eng/index.php

138 Der Nyoirinji-Tempel auf dem Berg Yoshino, umgeben von blühenden Bäumen. Der Frühlingsanfang kennzeichnet für die Shinto-Religion den Beginn der Feierlichkeiten im Zeichen der Fruchtbarkeit und einer guten Ernte.

139 Obwohl er zu einem der am schwersten zu erreichenden Orte gehört, bleibt der Berg Yoshino der bevorzugte Ort für Hanami.

DIE POESIE DER GLÜHWÜRMCHEN

DER ZAUBER EINER UNZAHL VON BLINKENDEN LICHTERN IN DER STILLE DER JAPANISCHEN WÄLDER, EINER SURREALEN UMGEBUNG, DER SICH JEDES JAHR MIT BEGINN DES SOMMERS WIEDERHOLT.

Was man benötigt: die Geduld zu warten, die Stille des Motosu-Hotaru-Parks und die Dunkelheit der frühen Sommernächte. Dann kommt die Magie und verwandelt den Wald in einen magischen Ort. Zwischen den dicken Bambusbäumen mit hohen, schmalen Stämmen, weit weg von den Lichtern der Stadt, erscheinen die leuchtenden und schwankenden Impulse einer Unzahl von Glühwürmchen, die den Betrachter in ein zeitloses Märchen transportieren können, zwischen Lichtern, die die Dunkelheit erhellen und die Ankunft des Sommers ankündigen. In Japan war einst die *Hotaru-Gari*, die Jagd nach Glühwürmchen, weit verbreitet; heute ist, um das Phänomen zu schützen, nur noch die Betrachtung erlaubt, die mit einer fast religiösen Aufmerksamkeit durchgeführt wird. Der Park in der Bezirkshauptstadt Gifu ist nicht der einzige Ort, um dieses Phänomen zu betrachten. Wälder oder Reisfelder, manchmal sogar ein großer Garten oder Stadtpark, die in ganz Japan vorkommen, besitzen ein gemeinsames Merkmal: Sie sind ruhig, nahe an sauberen Wasserquellen und mit geringer Lichtverschmutzung. Während man den Neonlichtern Tokios ausweicht, kommt man zu kleinen metropolitanen Oasen wie dem Hotel Chinzanso, den zentralen Botanischen Garten Fureai in Shibuya oder den Seichi-Park im Yomiuri Land, den größten Freizeitpark der Region, 25 Minuten mit dem Zug von der Stadt entfernt. Weitere empfohlene Orte sind das Tsukiyono Firefly Village in Minakami, eine japanische Stadt in der Bezirkshauptstadt Gunma, und der Roman-no-Mori-Kyowakoku-Park in der Bezirkshauptstadt Chiba. Die Ankunft der

140 Das Ritual der Balz von Glühwürmchen erhellt die Sommernächte im Shikoku-Wald, weit weg von den Lichtern der Stadt.

141 Glühwürmchen zu fotografieren bedeutet, fluoreszierende Spuren vor der Linse aufzuzeichnen.

Wir würden vor dem Glühwürmchen ebenso ehrfürchtig stehen wie vor der Sonne, wenn wir nicht an unsere Vorstellungen von Gewicht und Maß so gebunden wären. Kahlil Gibran

REISETIPPS

BESTE REISEZEIT Zwischen Mai und Juni, während der japanischen Regenzeit.

ANREISE Der dem Motosu-Hotaru-Park nächstgelegene Flughafen ist Nagoya, über die Fernstraßen etwa eine Autostunde entfernt.

REISEGEPÄCK Zwischensaisonkleidung und etwas wärmere Kleidung für nasse Nächte. Wer sich für Fotografie begeistert, sollte an das Stativ für Langzeitbelichtungen denken.

SCHWIERIGKEIT Keine Schwierigkeiten außer der Geduld, auf das Auftreten des Naturphänomens zu warten, in der Regel zwischen 19.30 und 21 Uhr von Ende Mai bis Juni.

WEBSITES
www.turismo-giappone.it
www.japan.travel/en

Glühwürmchen fällt mit dem Beginn der Regenzeit in Japan zusammen. Die feuchtigkeitsgefüllte Luft schafft ideale Wetterbedingungen für die Vermehrung dieser empfindlichen Kreaturen, die die Dunkelheit leuchten lassen, als wären Sterne auf die Erde niedergefallen. Die Lichtemission ist Teil des Balzrituals zwischen Glühwürmchen: Die Biolumineszenz wird von den männlichen Exemplaren genutzt, um die Weibchen anzuziehen, die wiederum Licht mit unterschiedlichen Geschwindigkeiten emittieren. Insgesamt ist es, als ob die Glühwürmchen Liebesbriefe mit fluoreszierenden Pinselstrichen in die Luft malen würden.

142 Die Glühwürmchen-Männchen haben einen längeren, schlankeren Körper und können höher fliegen als Weibchen.

143 Die Brücke verläuft über den Taguchigawa-Fluss in Aridagawa, einer Bezirkshauptstadt in der Präfektur Wakayama, von wo aus Sie das Lichtspiel bewundern können. Diese Glühwürmchen leben nur dort, wo das Wasser sauber ist.

IM WALD BADEN

DIE HÄNGE DES YAKEDAKE-VULKANS HINAUFKLETTERN UND SICH VON DER VEGETATION ÜBERWÄLTIGEN LASSEN. MIT DEM *SHINRIN-YOKU* VERWANDELT SICH DER WALD IN EINE ÜBUNG DER EINKEHR UND ANNAHME, DIE MIT DEN SINNEN ERLEBT WERDEN KANN.

Ekken Kaibara, Philosoph und Samurai, sagte, dass es so majestätische Stürme gebe, dass man sich hinsetzen und sie willkommen heißen müsse. Die tiefe Verbundenheit zwischen Mensch und Natur hat die japanische Sensibilität seit jeher geprägt. Japan ist ein bebendes und empfindliches Land, in dem Gnade und Schönheit mit Kraft und Zerstörung zusammenleben. Heute leben die meisten Japaner in Megalopolen, wo der Zugang zur Natur schwierig ist. *Shinrin-yoku*, auch bekannt als »forest bathing« (zu Deutsch »Waldbaden«), ist eine therapeutische Prozedur, die darin besteht, sich der wohltuenden Kraft des Waldes hinzugeben, um den Stress des Alltags zu überwinden. Diese Übung wurde 1982 entwickelt, hat aber ihre Wurzeln in der Verschmelzung von Schintoismus, Buddhismus und japanischer Kultur mit der Landschaft. Die japanische Forstverwaltung hat etwa 60 solcher Routen geschaffen: ein echter Rückzugsort in die Natur, wo man mit dem Wald verschmelzen, dem Klang eines Baches lauschen oder beim Berühren des knorrigen Stammes eines Baumes eins mit seinen Sinnen wird. Das »forest bathing« ist eine spirituelle Übung, die den Mut erfordert, sich hinzugeben. Man sagt, dass diese Praxis unter anderem die Vorteile hat, den Blutdruck zu senken, Cortisol zu reduzieren, die Immunabwehr zu stärken, Energie zu tanken und Depressionen und Ängste zu lindern. Beim *Shinrin-yoku* gibt es kein Wetteifern oder etwas zu erobern. Schrittzähler, Handys, Kameras usw. sind

144 Ein Pfad auf der Hochebene von Kamikochi, der sich über etwa 15 Kilometer durch das Tal des Flusses Azusa erstreckt. Im Jahre 1915 brach der Vulkan Yakedake heftig aus und verursachte einen Erdrutsch, der den Flusslauf blockierte und den kleinen See Taisho zum Leben erweckte.

145 Der Fluss Azusa unweit von Kamikochi ist ein beliebtes Ziel für Wanderer.

146 Vor der Einführung des europäischen Bergsteigens und Wanderns wurden diese Orte hauptsächlich von Mönchen besucht, die auf der Suche nach einem asketischen Leben waren. Die langen vertikalen Stämme der Bäume ähneln den Säulen von Tempeln.

147 Mit der Ankunft des Herbstes beginnt sich der Wald gelb zu färben, was zu einem farbigen Schauspiel führt, die den Menschen der flüchtige Schönheit der Natur näherbringt.

REISETIPPS

BESTE REISEZEIT Die Exkursion kann von Juni bis Anfang November problemlos durchgeführt werden.

ANREISE Vom Bahnhof Matsumoto (Japan Rail Shinonoi Line) nehmen Sie die Kamikochi-Linie nach Shinshimashima und dann die Kamikochi-Buslinie. Steigen Sie an der Haltestelle Taisho-ike aus.

REISEGEPÄCK Zwiebelkleidung, Windjacke, technische Wanderschuhe und ein Hut werden empfohlen.

SCHWIERIGKEIT Die Wanderung ist von mittlerer Schwierigkeit. Die gesamte Route vom Ausgangspunkt bis zum Gipfel des Vulkans dauert etwa 5-6 Stunden zu Fuß, Hin- und Rückweg, mit einer Höhendifferenz von 955 Metern. Für diejenigen, die nicht schwindelfrei sind, ist es ratsam, die Tour nur bis zur Hälfte vorzunehmen.

WEBSITES www.kamikochi.org, www.go-nagano.net, www.visitmatsumoto.com

abzugeben. Der Weg durch den Wald, der die Hänge des aktiven Vulkans Yakedake, buchstäblich »der brennende Berg«, bedeckt, ist von Juni bis November leicht begehbar. Man beginnt auf 1500 Metern über dem Meeresspiegel auf der Hochebene des Naturparks Chūbu-Sangaku, auf den Hida-Bergen, dem Nordgebirge zwischen der Bezirkshauptstadt Nagano und Gifu, entlang der Ufer des Flusses Azusa. Der Ausgangspunkt ist der Taisho-See, der von Matsumoto oder Takayama aus mit dem Bus oder Auto erreichbar ist. Von hier aus betreten wir den Wald und steigen dann hinauf zum rauchenden Krater des Vulkans, der sich auf

2455 Metern über dem Meeresspiegel befindet. Der Pfad verläuft am Flussufer entlang, überquert dann die Brücken von Tashiro-bashi und Hotaka-bashi und führt auf die andere Seite des Flusses, wo der Wald und der Berg miteinander verschmelzen. Das kristallklare Wasser des Flusses und des Taisho-Sees spiegelt die Birken und japanischen Lärchen wider, die durch den letzten Ausbruch des Vulkans geschwärzt wurden, und schafft eine suggestive, bewegungslose und stille Landschaft. Nach der Kreuzung nach Nishihotaka biegt man links ab und nach etwa zehn Gehminuten erreicht man das Herz des Waldes.

Die Stille des Sees wird durch das Geräusch des Windes unterbrochen. Das Licht scheint durch die Blätter, durchdringt den Wald und verwandelt ihn in eine heilige Kathedrale. Der feuchte und warme Boden ist voller kleinster Lebewesen und das Moos klettert die Baumstämme hinauf. Die Verflechtung von kräftigen Wurzeln wie Riesenschlangen bildet Pfützen, die sich in Seen für Frösche, Schlangen und Insekten verwandeln. Das schimmernde Unterholz raschelt unter den Körpern der japanischen Makaken (*Macaca fuscata*), die sich dort verstecken. Der Wald umhüllt den Menschen und bald vergisst er komplett die Außenwelt. Nach ca. 45 Gehminuten beginnt die Straße bergauf zu verlaufen. Eine Brücke aus Eisen und Holz bringt einen in eine Weite aus Wildblumen und Sträuchern. Hier verkauft eine kleine Hütte Wasser und Nudeln in einer Tüte. Aus der Ferne kann man den steinigen Gipfel des Vulkans sehen, der seine Dämpfe zum Himmel steigen lässt. Nach der Hütte, auf der linken Seite, geht der Weg weiter auf Felsen und Moos. Die ersten Gasfumarolen treten aus dem Stein aus. Von hier aus kann man in etwa anderthalb Stunden zu Fuß den Gipfel des Vulkans erreichen, dazu folgt man achtsam den Schildern auf den Felsen. Am Krater angekommen, kann man einen kleinen eisigen See erkennen. *Shinrin-yoku* bedeutet, den Wald zu beobachten, sich seiner wohltuenden Kraft hinzugeben, ihn in sich aufzunehmen und sich von ihm transportieren zu lassen.

FANTASTISCHE POLARLICHTER

IM HOHEN NORDEN DES YUKON TERRITORY AUF DER JAGD NACH POLARLICHTERN, DER MAGIE NORDISCHER NÄCHTE, DEM ZAUBER, DER DAS EIS ZUM SCHMELZEN BRINGT UND FRUCHTBARKEIT VERHEISST.

Dagobert Ducks Klondike River und der White Pass, für Neuankömmlinge das Tor aus Eis und Schnee zu den glänzenden Versprechen des wohl berühmtesten Goldrauschs; Dawson City, die Atmosphäre aus »Ruf der Wildnis« und der legendäre Dempster Highway, die Schotterstraße, die auf den hohen Norden zuschießt wie ein Pfeil und dabei einige der majestätischsten Landschaften Kanadas durchquert; dazu die Hauptstadt Whitehorse mit ihrem besonderen Grenzstadtflair, und darüber: ein unendlich weiter Himmel – die Bühne für den Tanz der Polarlichter.

148 Ein Iglu leuchtet im Glanz des Polarlichts. Die typische Wohnstätte der Inuit besteht aus konzentrisch angeordneten Schneeblöcken.

148-149 Polarlichter in der eisigen Region Nunavut. Seit jeher führen die Inuit die Leuchterscheinung auf tanzende Himmelsgeister zurück.

150 Die erste wissenschaftliche Erklärung für das ergreifende Ereignis der Polarlichter lieferte Ende des 18. Jahrhunderts der norwegische Physiker Kristian Birkeland. Der Fachausdruck »Aurora Borealis« stammt jedoch von Galileo Galilei.

151 Blaues Polarlicht über dem Lake Superior. Die Farbe entsteht, wenn die Solarteilchen nicht Sauerstoff-, sondern Stickstoffatome ionisieren.

REISETIPPS

BESTE REISEZEIT ganzjährig; die beste Zeit für die Beobachtung von Polarlichtern ist von Oktober bis April.

ANREISE Flug bis Whitehorse, dann weiter mit dem Mietwagen, Geländewagen empfohlen.

REISEGEPÄCK Polar- und Expeditionskleidung, Handschuhe und Mütze; Ersatzbatterien für Fotoausrüstung.

SCHWIERIGKEIT Nicht ausnahmslos für jeden geeignet. Erfahrung mit verschneiten und vereisten Strecken sowie gute Orientierung in den nördlichen Breiten sind vor allem im Winter unbedingt erforderlich. Eisige Kälte und Naturwildnis.

WEBSITES www.travelcanada.ca, www.dempsterhighway.com, www.travelyukon.com, www.naturetoursyukon.com/winter-tours-yukon

Das Yukon Territory zählt zu den Wildnissen Kanadas. Auf einer weit größeren Fläche als der Deutschlands leben hier nicht einmal 30 000 Menschen. Die Nächte sind sternenklar, Lichtverschmutzung gibt es kaum. Beste Voraussetzungen also für das Bestaunen von Polarlichtern. Der tiefe arktische Winter mit seinen ungeheuerlich kalten Temperaturen lässt hier nicht lange auf sich warten, zu dieser Jahreszeit herrschen maximal Temperaturen von -5 °C, die Tiefstwerte liegen um die -25 °C, und auch in den Übergangsmonaten wie Oktober und April, wenn sich Tageslicht und Dunkelheit in etwa die Waage halten, kann man das vom Himmel bescherte Naturschauspiel genießen und gleichzeitig die Gegend bewundern. Voraussetzung für das Sichten von Polarlichtern ist natürlich ein klarer Himmel, man muss über Nacht wach bleiben und – gerüstet gegen die eisige Kälte – aus der Stadt hinausfahren. Mit ihrem zuweilen sinnlichen zuweilen schlängelnden Tanz, den sie am Winterhimmel vollführen, ziehen die Nordlichter jeden in ihren Bann. Unmittelbar hinter Whitehorse beginnt eine Landschaft aus Wald, schokobraunen Hügeln, türkisfarbenen und smaragdgrünen Seen, die über 530 Kilometer bis nach Dawson City reicht. Die Strecke verläuft entlang des Yukon River und dessen Tälern, streift dessen Stromschnellen. Stockfinstere Nächte warten etwas weiter nördlich, nämlich auf dem Dempster Highway,

der Dawson City mit dem Gebiet der Inuit im Nordosten des Landes verbindet.
Dawson City ist alles, was vom legendären Goldrausch noch übrig ist, der ab 1896 die halbe Welt um den Verstand brachte. Bankiers, verzweifelte Männer und Familienväter ließen alles zurück und machten sich Hals über Kopf auf zu diesem abgelegenen und ungastlichen Fleckchen Erde. Viele starben, andere wurden reich, die meisten kehrten mit einer spannenden Geschichte mehr und ein paar Geldscheinen weniger in der Tasche nach Hause zurück, wie auch Jack London. Noch heute zeugen die schmutzigen Straßen, die etwas schiefen Holzhäuser und die Bühnenstücke, die vom Goldrausch erzählen, von der Vergangenheit der Stadt.
Und natürlich das Gold, das – wenn auch in geringeren Mengen und mit fortschrittlicheren Methoden – hier noch immer zutage gefördert wird. Der beste Ort für die Beobachtung von Nordlichtern im Umkreis von Dawson City ist der Midnight Dome, eine Plattform, von der aus man ein spektakuläres Panorama über den Lauf des Yukon River genießt. Hier, genauer gesagt etwa 40 Kilometer entlang des Klondike Highway weiter in Richtung Osten, beginnt der Dempster Highway, eine 750 Kilometer lange Schotterstraße, die vom Yukon River über unendlich weite Landschaften in den äußersten Norden führt. Auf der Strecke in den hohen Norden wird die Luft in der Atmosphäre dünner, der Himmel verändert sich minütlich. Auf seinem Weg in Richtung Arktis zeigt sich der Highway mit jeder Jahreszeit von einer anderen Seite: Da ist der nordische Sommer mit geschmolzenem Eis, Schlamm und Mücken, der Herbst mit seiner Explosion bunter Farben und den länger werdenden Nächten, in denen sich erste Nordlichter beobachten lassen. Da ist die absolute Stille des Winters mit Straßen voll Eis und Schnee, dessen Himmel sich in eine leuchtende Bühne verwandelt, und der kurze Frühling mit seiner von Blüten übersäten Tundra.
Einen letzten Stopp sollte man unbedingt in den Eagle Plains einlegen. Die Hochebene zählt zu den Orten Kanadas, an denen sich Polarlichter und Sternenteppiche am besten beobachten lassen.

152-153 In Alberta werden bunte Polarlichter vom Heart River reflektiert. Aufgrund seiner ruhigen Ufer, denen die Nordlichter ein ganz besonderes Flair verleihen, nennt sich das Dorf Nampa unweit des Flusses auch »Ort nahe dem Herzen«.

BEGEGNUNG MIT NARWALEN IN DER BAFFIN BAY

AUF DER SUCHE NACH DEM MEERESEINHORN, DEM GEHEIMNISVOLLEN WAL MIT DEM LANGEN STOSSZAHN, DER IN DEN MEEREN DER ARKTIS LEBT. DER SCHÜCHTERNE EINZELGÄNGER IST DER TRAUM VIELER.

Ein langer schraubenförmiger Stoßzahn ragt aus dem Wasser, der zugehörige Körper stammt von einem Furchenwal. Das Tier springt aus den Wellen wie ein Delfin, dann taucht es wieder hinab in die Tiefe. Es handelt sich um einen Narwal (*Mondon monoceros*), das Einhorn der Meere. Er lebt in der Baffin Bay, an einem der abgelegensten Orte der Arktis, umschlossen von Grönland und der in Nunavut (Region der Inuit im Norden Kanadas) gelegenen Insel Baffin Island. Die Bucht besitzt

154-155 In der Baffin Bay kommt eine Gruppe Narwale durch ein Loch im Packeis an die Oberfläche, um Luft zu holen. Bis zu 20 Minuten können die Säugetiere unter Wasser bleiben.

155 Er ist in extremen Regionen zu Hause. Dennoch sind der Narwal und sein Ökosystem durch menschliche Eingriffe in die Natur und den Klimawandel stark gefährdet.

156 oben Ein Camp von Naturforschern im Sirmilik National Park – auf Inuktitut, der Sprache der Inuit, »Ort der Gletscher«. Leben und Kultur der Inuit sind in diesem geschützten Gebiet ausführlich dokumentiert.

156 unten Die Bezeichnung Narwal soll vom altnorwegischen Wort *narhval* – Walleiche – stammen, was wohl wiederum von seiner violetten Farbe herrührt.

157 Sein langer Zahn macht den Narwal zu einem beinahe legendären Geschöpf. Über die Funktion dieses besonderen Merkmals wurde viel spekuliert.

REISETIPPS

BESTE REISEZEIT Die Bucht ist nur im Juli und August zugänglich. Im Winter ist sie vereist, in den Übergangsmonaten türmen sich dort riesige Eisberge. Fahrten mit Eisbrechern finden nur im Sommer statt.

ANREISE In Nunavut gibt es keine Verkehrswege. Die Region Qikiqtaaluk wird (bei entsprechendem Wetter) täglich von Ottawa und Montreal aus angeflogen. Von Nuuk, der Hauptstadt Grönlands, bestehen Hubschrauberverbindungen mit Air Greenland. Am einfachsten ist es, eine Kreuzfahrt mit Eisbrechern bei einem spezialisierten Reiseveranstalter zu buchen.

REISEGEPÄCK Polar- und Expeditionskleidung, (kniehohe) Gummistiefel, Bergschuhe mit Steigeisen, Polarjacke, Schnee- oder Regenhose, Batterien, Handschuhe, Thermomütze und -unterwäsche, Sonnenbrille.

SCHWIERIGKEIT Für alle Personen mit guter Fitness geeignet.

WEBSITES www.destinationcanada.com, www.nunavuttourism.com, www.ornitour.it

eine Fläche von 689 000 Quadratkilometern und eine durchschnittliche Tiefe von etwa 861 Metern.
Narwale sind faszinierende Tiere, begonnen bei ihrer äußeren Erscheinung. Der lange Stoßzahn, genau genommen ein verlängerter Eckzahn, ist eine Seltenheit und unter den Artgenossen des Narwals vielleicht sogar einzigartig. Er dient nicht etwa zum Jagen oder um Beute aufzuspießen. Der Stoßzahn ist ein Sinnesorgan, ausgestattet mit zehn Millionen Nervenenden. Er kann bis zu drei Meter lang und zehn Kilogramm schwer werden. Neuesten Hypothesen zufolge versorgt er den Narwal mit entscheidenden Informationen über Temperatur, Salzgehalt und Wasserdruck. Im Winter spüren die Tiere damit Öffnungen in der Eisdecke auf, durch die sie auftauchen und Luft holen können.
Schon in alten Zeiten sprach man dem Stoßzahn die wirkungsvollen Eigenschaften eines Gegengifts zu: Wer aus einem aus dem Elfenbein eines Narwalzahnes gefertigten Becher trank, war angeblich unsterblich. Könige machten sich die Trinkgefäße deshalb gerne gegenseitig zum Geschenk.

Auf Bylott Island, rund um das Vogelschutzgebiet im Sirmilik-Park, der Heimatstätte von über 200 000 Zugvögeln, bekommt man Narwale relativ gut zu Gesicht: Sie bewegen sich nie allein fort, sind oft in Gruppen von etwa 15 Tieren unterwegs, zuweilen tun sie sich zu Hunderten zusammen. Dann ist die Begegnung mit ihnen umso bezaubernder.
An der Oberfläche des eisigen Wassers bilden sich sandfarbene Wellen; es sind die Rücken dieser primitiven Säuger, die abwechselnd zum Vorschein kommen. Kreuzfahrtschiffe durchqueren die Nordostküste von Baffin Island von Süden nach Norden und bieten Kayak-Touren an, im Zuge derer man noch näher ans Ufer gelangt. Es ist ein wahres Erlebnis, so dicht am Packeis entlang zu segeln, umgeben von den strahlendweißen Landschaften der Arktis und den Tieren, die im Sommer zurückkehren und in den Wellen spielen. Und es ist ein unvergessliches Erlebnis, wenn das lange »Schwert« des Meereseinhorns plötzlich unerwartet direkt neben dem eigenen Boot auftaucht, eine Begegnung mit fantastischen Tierwesen.

ÜBER DIE EISBLASEN IM ABRAHAM LAKE LAUFEN

EIN GERADEZU SURREALES NATURSCHAUSPIEL, DAS METHANGASE IN EINEM GEFRORENEN SEE AM FUSSE DER KANADISCHEN ROCKY MOUNTAINS IN ALBERTA BEREITEN. DURCH DIE KRISTALLKLARE EISFLÄCHE LASSEN SICH DIE GESCHWUNGENEN FORMEN BETRACHTEN.

Tausende Eisblasen schwimmen schaukelnd unter der Wasseroberfläche, gefangen unter der Eisschicht. Sobald sie mit den oberen Wasserschichten des Sees in Kontakt kommen, werden sie flach und glatt und bilden natürliche geschwungene Skulpturen, vertikal angeordnete Plastiken, die durch die klare Wasseroberfläche hindurch in die dunklen Tiefen des Sees abzutauchen scheinen. Das ebenso surreale wie eindrucksvolle Schauspiel, das dieses Naturphänomen erzeugt, zieht

158-159 Außergewöhnliche Gebilde aus Methangas sitzen unter der transparenten Eisschicht auf dem Abraham Lake, einem Stausee des North Saskatchewan River. Wenn das Eis im Frühjahr schmilzt, wird das Gas freigesetzt. Einige Wissenschaftler gehen daher davon aus, dass dieses Phänomen für die globale Erderwärmung mitverantwortlich ist.

REISETIPPS

BESTE REISEZEIT Im Winter, von Mitte Dezember bis Anfang Februar, ist die Eisschicht am dicksten. Zwar sind die Eisblasen bis März zu sehen, das Eis wird mit der Zeit jedoch trüber, dünner und einige Stellen sind mit Schnee bedeckt.

ANREISE Der Abraham Lake liegt 340 Kilometer von Calgary, der Hauptstadt Albertas entfernt; zum See fahren keine öffentlichen Verkehrsmittel, man muss also ein Auto, am besten einen Geländewagen, mieten. Die Gegend ist ziemlich abgelegen, im Winter ist dort alles geschlossen; den Wetterbericht stets im Auge behalten!

REISEGEPÄCK Hochgebirgskleidung: Polarjacke, Handschuhe, Mütze und Thermo-Unterwäsche, steigeisenfeste Bergstiefel, Sonnenbrille.

SCHWIERIGKEIT Ungeübte sollten den See möglichst mit einem Experten oder ortskundigen Führer betreten.

WEBSITES
www.destinationcanada.com
www.travelalberta.com/ca/articles/finding-serenity-at-abraham-lake-837
www.fototripper.com/abraham-lake-photography-tips

160-161 Das rote Licht der untergehenden Sonne erzeugt eine märchenhafte Stimmung. Geheimnisvolle Geräusche dringen aus den Tiefen des Sees an die Oberfläche.

jährlich unzählige Touristen und Fotografen an. Sie versuchen, diese außergewöhnliche Erscheinung für die Ewigkeit festzuhalten, bevor das Eis schmilzt. Die Blasen bilden sich durch Methangase, die – laut nicht wissenschaftlich belegten Hypothesen – durch die Zersetzung von auf dem Meeresgrund abgelagerten organischen Stoffen von Pflanzen, Fischen und Gerippen von Tieren entstehen.
Dieses seltene Phänomen wiederholt sich jedes Jahr im Winter erneut im Abraham Lake, der entstand, als man im Jahr 1972 den 90 Meter hohen Damm am North Saskatchewan River in Alberta, im Westen Kanadas, baute. Der Stausee erstreckt sich über eine Fläche von etwa 54 Quadratkilometern und ist nach Silas Abraham benannt. Er war einer der ersten Pioniere,

die im 19. Jahrhundert in der Wildnis dieses Tals am Fuße der Kanadischen Rocky Mountains lebten.
Dieses deutlich sichtbare Phänomen ist auf eine Reihe von Faktoren zurückzuführen. Das raue Klima der Canadian Rockies mit seinen eisigen Polarwinden und seinen Wintertemperaturen um die -30 °C hält Schneemassen von der bekanntlich regenarmen Gegend ab. Es ist möglich, mit bloßem Auge oder mithilfe eines Fotoapparats durch die – mindestens zehn Zentimeter dicke – Eisschicht in die Tiefen des kalten klaren Wassers vorzudringen. Oft entsteht auf der Eisfläche ein Netz aus langen Rissen, sodass sich dreidimensionale Formen bilden und den Blick auf die unheimlichen dunklen Wassermassen in der Tiefe freigeben. Manchmal dringen sogar brodelnde Geräusche aus dem Inneren herauf. Am See ist höchste Vorsicht geboten. Der Abschnitt zwischen dem Damm und Windy Point, steile Gegenden, die nicht ohne Weiteres zu erklimmen sind, sowie die Mündungen von Flüssen und Sturzbächen und schneebedeckte Stellen, unter denen sich oft noch recht dünnes Eis verbirgt, sind zu meiden. Generell gilt: Immer in der Nähe des Ufers bleiben.

DURCH EIN MOOR VOLLER ZYPRESSEN SPAZIEREN

EIN HEILIGTUM DER NATUR MIT REKORDVERDÄCHTIGEN BÄUMEN: IM CONGAREE-NATIONALPARK LIEGT DER GRÖSSTE PRIMÄR- UND FLUSSAUENWALD AMERIKAS.

Das 88 Quadratkilometer große Schutzgebiet des Congaree-Nationalparks mitten im Sumpfgebiet des Congaree-Flusses, beherbergt den größten sommergrünen Wald des Landes, wie er sonst kaum noch zu finden ist. Die Flora hier ist wundervoll, mit durchschnittlich mindestens 30 Meter hohen Baumwipfeln. Die Weihrauchkiefer (*Pinus taeda*) ragt sogar bis zu 50 Meter in die Höhe (was in etwa einem sechzehnstöckigen Gebäude entspricht) und besitzt einen Umfang von etwa viereinhalb

162-163 Üppige Blütenstände und Wasserpflanzen vor dem Hintergrund eines Sumpfzypressenwalds, ein in den USA heimischer Nadelwald.

163 Durch den nahe gelegenen Congaree River kommt es im Nationalpark jährlich zu gut zehn weitreichenden Überschwemmungen.

REISETIPPS

BESTE REISEZEIT Der Park ist ganzjährig geöffnet; am schönsten und buntesten ist es dort im Frühling (März bis Juni) und im Herbst (September bis Dezember).

ANREISE Die nächstgrößere Stadt ist Columbia (30 Minuten mit dem Auto entlang der Bluff Road). Von hier aus gibt es Flüge in die größten Städte Amerikas. Ein Parkplatz ist vorhanden, von dort läuft man zu Fuß zum Eingang des Parks. Alle Touren beginnen am Visitor Center Harry Hampton.

REISEGEPÄCK Trekkingausrüstung, Fernglas für Birdwatching, Insektenspray, ausreichend Proviant und Wasser; außerdem: Campingausrüstung – im Park gibt es keine Unterkünfte. Landkarte und Kompass für die Kanu-Teilstrecken.

SCHWIERIGKEIT Für jeden geeignet. Das Programm wird zu Fuß oder mit dem Kanu durchgeführt. Menschen mit Gehschwierigkeiten können den 3,8 Kilometer langen Steg nutzen.

WEBSITES www.nps.gov/cong/index.htm
www.facebook.com/CongareeNP, www.gousa.in

Metern. Das Gebiet des Congaree National Park ist vielfältig. Hier gibt es Eichen, Zypressen, Sumpfeiben, Sumpf-Tupelobäume (*Nyssa Biflora*) und viele weitere Baumarten. Die Wälder werden von Nadelbäumen dominiert, auf den grünen Flächen findet man eine hohe und dichte Vegetation, und Zypressen. Den Fluss speisen zahlreiche Bäche, die sich nicht selten in idyllischen Teichen verlieren. Starke saisonale Regenfälle und das Übertreten der Wasserläufe sorgen für einen üppigen Waldwuchs. Inmitten der Parklandschaften stößt man oftmals auf bis zu drei Meter hohe, künstlich aufgehäufte Erdwälle. Sie stammen von Viehzüchtern, die ihre Tiere vor den Überschwemmungen bewahren wollen.

Seit jeher bewohnen Eichhörnchen und Großsäuger wie Hirsche, Wildschweine, Otter und Präriewölfe den Park. In den Gewässern wimmelt es von Fischen, außerdem können Schildkröten und Krokodile gesichtet werden. Hinzu kommen unzählige Vogelarten, die sich im Park niedergelassen haben und ihn für Liebhaber des Birdwatching zu einem Paradies machen. Jeder Wald lebt. Aber dieser, mit den Füßen im Wasser, scheint noch lebendiger: Ständig nimmt man Kontraste (vor allem wenn die Sonnenstrahlen hier und da durch die hohen Baumkronen dringen), Rufe oder Laute wahr. Dies mag womöglich auch am nicht oder kaum vorhandenen Unterholz liegen, das Tieren hier kein Versteck bietet. Über gut 42 Kilometer verlaufen unterschiedliche Wanderwege durch den Park. Beinahe vier Kilometer lang ist der Boardwalk Loop Trail, ein Holzsteg, der durch die Wasserlandschaft führt. So gerät man auch nicht in die Nähe von Felsen oder Baumstämmen, in denen Schlangen, Spinnen und andere gefährliche Tiere Unterschlupf finden können. Alternativ zu den Wanderwegen besteht die Möglichkeit, mit dem Kanu oder Kajak durch die Sumpflandschaften und das glasklare Wasser zu gleiten. Wem das nicht reicht, der kann auf dem Congaree River Blue Trail ganze 80 Kilometer von Columbia bis zum Park mit dem Kanu zurücklegen. Dagegen ist der Cedar Creek Canoe Trail mit 24 Kilometern Länge und Beschilderungen zur besseren Orientierung ein einfacherer Wasserweg. Man sollte stets auf die Umwelt Rücksicht nehmen. Es wäre nämlich geradezu ein Verbrechen, dieses Heiligtum der Natur zu zerstören. Besucher können sich hier sogar freiwillig an der Vogelzählung beteiligen. Diese findet immer um Weihnachten statt und untersucht den Gesundheitszustand der Vogelbewohner des Parks.

164 Der ruhige Fluss ermöglicht gemütliche Fahrten mit Kajak oder Kanu. Dabei sichtet man vielleicht Schwarze Zwergwelse oder Kahlhechte mit ihren gefleckten Schuppen. Jährlich bahnen sich rund 150 000 Besucher den Weg bis in die ruhigsten Ecken des Congaree National Park.

165 Oben: Einer der abgelegensten Orte im Park. Das Reservat gilt als – wachsender – Primärwald und beherbergt rekordverdächtige Exemplare, darunter eine 41 Meter hohe amerikanische Ulme sowie eine *Quercus pagoda* (Kirschborkeiche, 47 Meter).

DIE KLEINE FEUER-ROTE SCHLUCHT IN ARIZONA

DER ANTELOPE CANYON: EIN SPEKTAKULÄRER FELSSPALT, DESSEN GESTEIN IM TAKT DER UHR SEINE FARBE VERÄNDERT UND VON OCKER- BIS PURPURFARBEN IN DEN UNTERSCHIEDLICHSTEN FARBTÖNEN LEUCHTET.

Der leichte Rundgang mit großem Wow-Effekt beginnt mit einer bürokratischen Erledigung. Denn der Antelope Canyon – bestehend aus Upper und Lower Canyon, die nur wenige Kilometer auseinanderliegen – kann nicht so einfach besichtigt werden. Aufgrund seines empfindlichen Ökosystems und da er von Wind und Wasser in das Reservat der Navajo gemeißelt ist, muss zunächst eine Tour bei einer zuständigen

166 Über Jahrhunderte formte das Wasser die steilen Wände des Canyon zu bedeutsamen Gestalten wie dieser. Sie wird auch »The Lion King« genannt.

166-167 Richtet man den Blick im Upper Antelope Canyon nach oben, vervielfachen sich im Kontrast zum Blau des Himmels die Farbnuancen.

168 Das einfallende Licht bildet Lichtbündel, deren Intensität je nach Tageszeit variiert.

169 Bis zu 37 Meter tief ist die Felsspalte an einigen Stellen.

REISETIPPS

BESTE REISEZEIT Die besten Lichtbedingungen herrschen von April bis September, aber der Canyon kann ganzjährig besucht werden (bei Regen oder Überschwemmungsgefahr entfällt die Tour). Magisch wird es zur Mittagszeit, wenn das Licht von oben in den Canyon dringt und man für eine knappe Stunde den Effekt des aufgewirbelten Sandes bewundern darf, für den der Canyon berühmt ist.

ANREISE Von S.gelangt man über die AZ-98 und die Indian Route 222 in 15 Minuten zum Navajo Tribal Park. Auf dem Weg bieten verschiedene Agenturen der Navajo Touren in der Schlucht (bis zum engsten Punkt) an; die Agenturen in S.organisieren den Transfer nur bis zum Eingang des Canyon.

REISEGEPÄCK Für den Lower Canyon benötigt man Wander- oder Trekkingschuhe für den etwas geräumigeren und bequem zu durchlaufenden Upper Canyon ist nichts Besonderes erforderlich, außer Wasser und einer Kopfbedeckung, um sich bei Wind vor dem Sand zu schützen. Rucksäcke und große Taschen sind im Canyon nicht gestattet.

SCHWIERIGKEIT Bei Klaustrophopie nicht geeignet!

WEBSITES navajonationparks.org, lowerantelope.com, antelopelowercanyon.com, navajotours.com, antelopeslotcanyon.com

örtlichen Agentur gebucht werden. Sobald das wundervolle Licht mit dem geologischen Denkmal ein Versteckspiel veranstaltet, dabei die Wände ockerfarben, rot, orange und dunkelviolett streicht, entsteht aus den Schatten und Texturen eine eindrucksvolle Symphonie. Inmitten dieser Kulisse, die mit jedem Schritt eine andere Form annimmt, steht um Punkt zwölf Uhr mittags, der Stunde X, alles still in Erwartung eines Naturwunders. Denn dann dringt die Sonne senkrecht in die Felsspalte und die reflektierten Lichtstrahlen verdichten sich für einige Sekunden im aufgewirbelten Sand, scheinen beinahe fest und greifbar. Die Navajo nannten den Upper Canyon *Tse bighanilini* (»Ort, an dem das Wasser durch die Felsen strömt«), der Lower Canyon hingegen hieß *Hasdestwazi* (»gewundene Felsbögen«). Sie kamen hierher, um mit der Natur geistig in Kontakt zu treten. Man kann versuchen, es ihnen gleichzutun.

WINTER IM GRAND CANYON

UMMANTELT MIT SCHNEE ZEIGEN SICH DIE VULKANKEGEL UND FELSSPALTEN VON EINER GANZ NEUEN SEITE, UND DER MENSCH FÜHLT SICH NEBEN IHNEN WINZIG KLEIN.

Man stelle sich vor, man landet auf dem Mars. Man öffnet die Tür des Raumschiffs, im Begriff, den Fuß auf den roten und kahlen Untergrund zu setzen, aber stattdessen findet man sich umgeben von einer weißen Schneedecke wieder, mit Flocken, die sich eine um die andere sanft auf die Felsen der einsamen Gebirgslandschaft setzen. In diesem Fall gehören die Türen zu einem Wagon, gezogen von einer Dampflock der Grand Canyon Railway. Man wird schnell feststellen, dass das gewohnte Rot der umliegenden Landschaften keineswegs verschwunden ist. Es hält sich in den senkrechten Steilwänden, dort, wo der kräftig peitschende Wind die Felsen freilegt und so gleichzeitig die

170-171 Der North Rim im Grand Canyon von Yaki Point aus gesehen. Die Schlucht in Arizona ist zwar weder die tiefste noch die größte, jedoch vereint sie diese beiden Eigenschaften zweifellos auf spektakuläre Art und Weise.

171 Der Bright Angel Trail war einst ein Pfad der Indianer. Er zählt zu den bekanntesten Wanderwegen im Grand Canyon.

Erosionsarbeit vollendet, die der Colorado River vor langer Zeit begann. Dort, wo das weiße Kleid etwas dünner ist, schimmern Gesteinsschichten durch, die zwei Milliarden Jahre der Erdgeschichte erzählen. Und sobald ein Sonnenstrahl die Wolken durchbricht, wird das durchscheinende Rot vom Schnee reflektiert wie ein impressionistisches Gemälde und zaubert warme wechselnde Farbreflexe auf das Weiß. Denn hier in Arizona verändert sich der Himmel häufig. Die eisige Kälte scheint nebensächlich, während man sich auf den Grand Canyon zubewegt, der ganz plötzlich in Sicht kommt. Die 1800 Meter tiefe Schlucht, der Abgrund, der an eine große tiefe Wunde erinnert, nimmt, wenn viel Schnee fällt, neue Formen an – bekommt neue Zinnen, neue Gipfel, neue Linien. Und die Wolken, die von der untergehenden Sonne in den Hintergrund gedrängt werden, flammen orange auf. Der Grand Canyon verläuft ins Unendliche, über fast 450 Kilometer. Dabei scheint es, als würde er ein- und ausatmen, er wird bis zu wenige hundert Meter schmal, um sich dann wieder zu weiten, bis seine Wände fast 30 Kilometer auseinanderklaffen. Allein die Nacht fällt wie ein Vorhang. Bevor sie hereinbricht, sollte man sich einen geschützten Ort suchen. Den über 80 Kilometer langen schneebedeckten South Bass Trail (der North Rim ist im Winter geschlossen) und die schmalen und vereisten Landschaften des Boucher Creek durchquert man am besten mit Steigeisen oder Schneeschuhen.

REISETIPPS

BESTE REISEZEIT Die Gegend des South Rim ist mit dem Zug erreichbar und ganzjährig zugänglich. Es empfiehlt sich jedoch, schon mehrere Monate im Voraus zu buchen.

ANREISE Die Grand Canyon Railway verkehrt ab Williams, erreichbar über die legendäre Route 66, einmal täglich zum Grand Canyon und zurück. In der Hauptsaison wird meist eine zusätzliche Fahrt angeboten.

REISEGEPÄCK Winterfeste Trekkingausrüstung, Rucksack mit trockener Wechselkleidung, Schneeschuhe und Steigeisen.

SCHWIERIGKEIT Die Zugfahrt ist für jedermann geeignet, die Schneetouren sind jedoch, vor allem aufgrund der vereisten Strecken, nicht zu unterschätzen; ein ortskundiger Wanderführer ist empfehlenswert. Von November bis Februar herrscht wechselhaftes Wetter mit Sonne, Regen und Schnee sowie Temperaturschwankungen von bis zu 39 °C, je nach Höhe.

WEBSITES www.nps.gov/grca/index.htm, www.thetrain.com www.grandcanyoncvb.org, www.grandcanyonlodges.com

172 Aussichten wie diese üben seit jeher eine große Anziehungskraft auf entschlossene Wanderer aus: Der Bright Angel Trail nach einem Schneesturm.

173 Der Wapiti, eine Unterart des Rothirschs, ist eine stattliche Erscheinung. Die Männchen dieser Art wiegen bis zu 600 Kilogramm.

DER MIKROKOSMOS DER HAVASU-FÄLLE

EIN AMPHITHEATER DER NATUR, GEGRABEN IN EIN ROTES FELSENRIFF, WIE SIE IN DEN WESTAMERIKANISCHEN CANYONS HÄUFIG VORKOMMEN, VERZIERT MIT HÜBSCHEN WASSERFÄLLEN UND TÜRKISGRÜNEN NATURPOOLS.

Die Havasupai, ein Stamm des indigenen Volkes der Navajo, wohnen seit jeher an jenem Ort, der für viele das Paradies auf Erden am besten widerspiegelt: das Tal der Havasu-Fälle. Smaragdgrünes Wasser, blutrote Felsen, grüne Sträucher und weiße Travertin-Sinterterrassen – womöglich hatten nicht einmal Adam und Eva einen derartigen Garten Eden. Er ist zwar relativ klein, aber ausgesprochen vielfältig. Dank des hohen Mineralgehalts im Wasser, der für zahlreiche Senken und Unebenheiten im Flussbett verantwortlich ist, gleicht kein Wasserfall dem anderen. Das Verdienst für dieses Wunder der Natur ist dem Havasu Creek, einem Nebenfluss des Colorado River, zuzuschreiben, mit dem er zusammenfließt und so das spektakuläre Naturschauspiel des Grand Canyon erzeugt. Die Havasu Falls liegen im Gebiet des gleichnamigen Indianerstammes, außerhalb des Zuständigkeitsbereichs des Grand-Canyon-Nationalparks. Sie bleiben also von den Touristenscharen verschont, die diese Gegend täglich bevölkern, und nicht jeder Reisende wird dieses Erlebnis auf seine Liste von Erfahrungen setzen

174 Eingebettet in eine farbenprächtige Landschaft stürzen sich die Havasu Falls in die Tiefe. Im Park gibt es vier weitere Wasserfälle, die leicht zu Fuß erreichbar sind.

175 Die terrassenförmigen Travertinbecken werden vom Wasserfall gespeist. Der Kalkstein ist äußerst witterungs- und erosionsbeständig.

176 Durch den hohen Gehalt an Kalziumkarbonat ist das Blau des Wassers intensiver und erscheint dickflüssiger.

177 Auf den 16 Kilometern entlang des Havasu Creek gibt es zahlreiche Sportmöglichkeiten, von Rafting über Hydrospeed bis zum sicheren Schwimmen.

können. Die Havasupai (in der Sprache der Hochland-Yuma »Leute des grünblauen Wassers«) sind stark mit ihrem Land verbunden und um es zu verteidigen, haben sie ein Regelwerk verfasst, das Kurzaufenthalte verbietet. Man muss sich den Eintritt in das Paradies auf Erden also verdienen. Besucher benötigen eine Reservierungsgenehmigung mit Übernachtung auf einem Campingplatz innerhalb des Gebiets oder in einer der Lodges in der Siedlung der Supai. Die eigentliche Exkursion besteht aus vier Stunden Fußweg. Auf der staubigen Straße steigt die Spannung, aber der überraschende Anblick der etwa 30 Meter in die Tiefe stürzenden Havasu Falls und der Mooney Falls (circa 60 Meter), die stechenden, kräftigen Farben und das belebende Blau des hinabstürzenden Wassers übersteigen schließlich alle Erwartungen. Man sollte mindestens drei Tage einplanen. Vom Hualapai Hilltop aus kann man die Wasserfälle auch, bequemer und schneller, mit dem Hubschrauber erreichen, oder man reitet auf einem Esel dorthin. Abenteuerlustige können den Grand Canyon auf dem Colorado River per Rafting durchqueren – eine Extremerfahrung, die an die der Naturforscher Anfang dieses Jahrhunderts erinnert: mit einfachen Transportmitteln und kaum Gepäck, fest entschlossen, sich den Gefahren der tiefen Wildnis zu stellen. Hier schlägt man entlang der 300 Kilometer langen Strecke von Lees Ferry, nahe der Grenze Utahs, bis zur Mündung des Havasu Creek sein Zelt auf einsamen Lichtungen im Mondschein auf. Oder man wählt kürzere Etappen, eine Kombination aus Trekking und gemäßigteren Streckenabschnitten mit dem Kajak. Eines aber ist sicher: Ein Bad im kristallklaren Wasser lohnt alle Anstrengung und erweitert das Reisegepäck um eine neue großartige Erinnerung.

REISETIPPS

BESTE REISEZEIT März bis Mai und September bis Oktober. Im Dezember und Januar ist das Reservat geschlossen. Große Hitze herrscht von Juni bis August, im Oktober haben die Naturpools am wenigsten Wasser. Vorübergehende Schließungen aufgrund plötzlicher starker Regenfälle sind - auch während des Besuchs - möglich. Man sollte sehr frühzeitig, ruhig ein gutes Jahr im Voraus, buchen.

ANREISE Die nächstgelegenen Städte sind Peach Springs und Seligman; mit dem Auto gelangt man bis zum Hualapi Hilltop, einem großen Parkplatz circa 15 Kilometer von den Kaskaden entfernt. Von dort geht es zu Fuß, mit einem Esel oder per Hubschrauber weiter (keine Vorreservierung möglich; man muss sich am Parkplatz anstellen und kommt mit etwas Glück an Bord). Tagesausflüge sind nicht erlaubt.

REISEGEPÄCK Trekkingausrüstung sowie Essens- und Wasservorräte; auf dem Weg zur Siedlung der Supai (von den Wasserfällen aus etwa 30 Minuten Fußweg) gibt es nichts zu kaufen.

SCHWIERIGKEIT Die Strecke ist recht weit und anspruchsvoll. Am besten drei Tage für den Besuch einplanen: einen für den Abstieg, einen für die Wasserfälle und einen für den Rückweg.

WEBSITES
www.nps.gov/grca/planyourvisit/havasupai.htm, theofficialhavasupaitribe.com, www.havasupaireservations.com www.westernriver.com, fsguides.com/destinations/havasu-falls-grand-canyon/

DER CANYON MIT DEN BLÜHENDEN BÄUMEN

DIE SÜDLICHEN ROCKY MOUNTAINS SIND VON GIGANTISCHEN CANYONS DURCHZOGEN, DIE FLÜSSE EINST DORT GEGRABEN HABEN. DER FASZINIERENDSTE UNTER IHNEN IST DER CANYON DE CHELLY.

Wir folgen unserem Führer der Navajo mit dem bunten Band um die Stirn, das seine Haare fest zurückhält. Angehalten, erklärt und erzählt wird nur dort, wo es sich ihm nach lohnt. Das gleichmäßige Klappern der Hufe auf den Felsen oder – etwas gedämpfter – im Sand und das Schaukeln auf dem Rücken der Pferde entführen in eine andere Welt. Der Canyon de Chelly ist ein geografisch komplexes Gebilde. Er erstreckt sich entlang des Chinle Wash und weiteren 100 kleinen Flüssen, die sich ihren Weg durch die bis zu 300 Meter hohen roten Felswände graben. Am Grund des Canyon findet man bis heute Obstbäume, gepflegte Gärten und dichte Vegetation

179 Eine Touristengruppe durchquert den Canyon de Chelly, übersetzt heißt dies etwa »Felsschlucht«.

178-179 Eines der Symbole des Canyon ist der Spider Rock. Vor allem für die Navajo ist er der Sitz von *Na'ashjé'ii Asdzáá*, »Spider Woman«. Sie ist die Schöpferin und Schutzgöttin der Navajo.

– ein zauberhafter Ort im unendlich kahlen Meer dieser Berge. Ganz unten angekommen, leuchtet die Kulisse vor der unerlässlichen Sonnenbrille in den unterschiedlichsten Rot- und Blautönen, satt wie die Felsen und der Himmel von Arizona und getüpfelt mit den Blättern der Birn- und Kirschbäume, die silbrig schimmern. Besonders atemberaubend ist der Anblick, wenn sie inmitten der gigantisch hohen Felswände, die an eine leblose Wüste erinnern, erblühen. Seit Jahrtausenden ist diese Gegend besiedelt. Geschichten und Legenden gibt es Hunderte, auch in örtlichen Reiseführern wird mit Erzählungen und Erklärungen nicht gespart. Erwähnenswert ist die White House Ruin. Sie ist die Hauptsiedlung des alten indigenen Volkes der Anasazi im Canyon und der einzige Ort, an den man, bis zur Einzäunung, gratis und ohne örtlichen Reiseleiter gelangt (nämlich über den White House Ruins Trail: 45 Minuten etwa dauert der Abstieg, für den Aufstieg benötigt man – je nach Fitness – etwas mehr Zeit). Ein beliebtes Fotomotiv ist der Spider Rock, ein 250 Meter hoher, spitz zulaufender Fels. Ebenfalls im Canyon befindet sich die gigantische »Festung der Navajo«, Navajo Fortress genannt. Sie war die einzige Rettung dieser Nation vor dem spanischen Heer. Viele sollen sich von hier in die Tiefe gestürzt haben, als sie erkannten, dass sie nur so ihrem Schicksal entkommen konnten, welches sie auch in der sogenannten Massacre Cave erwartete, die man heute besichtigen kann. Dann gibt es den nördlichen und südlichen Rim. Befestigte Wege führen an der Kante des Canyon entlang bis zum äußersten Rand. Sie sollte man auf jeden Fall einplanen. Schilder entlang der Strecke machen auf Sehenswürdigkeiten und lohnenswerte Abstecher zu Aussichtspunkten am Rande des Canyon aufmerksam.

WILDNIS IN SCHWARZ-WEISS

Seit 5000 Jahren leben im Canyon de Chelly Gemeinschaften von Jägern beziehungsweise Sammlern und Korbflechter der Nasazi, Hopi und Navajo. Zunächst hatte die spanische, dann die amerikanische Unionsarmee, angeführt von Kit Carson, versucht, die Indianerstämme zu vernichten. Doch die Navajo sind bis heute geblieben. In den 1930er-Jahren kamen vor allem große Fotografen. Einer von ihnen war der unermüdliche Ansel Adams. Viele Jahre lang durchquerte er, auf den Spuren der amerikanischen Wildnis, die Nationalparks in den Rocky Mountains mit einem Kleinbus, den er für die Entwicklung von Fotofilmen umgerüstet hatte. Mittlerweile sind seine Schwarzweißaufnahmen als Symbole dieses Orts nicht mehr wegzudenken.

REISETIPPS

BESTE REISEZEIT Ganzjährig. Im Winter schafft der Schnee ein völlig anderes, jedoch nicht minder faszinierendes Landschaftsbild.

ANREISE Der Canyon de Chelly liegt im Herzen des Navajo-Reservats, etwa 300 Kilometer von Flagstaff entfernt. Das Besucherzentrum Canyon de Chelly National Monument erreicht man über eine etwa fünf Kilometer lange Abzweigung vom North Highway 191, der von Süden nach Norden verläuft. Der Canyon kann ausschließlich mit Tourguides der Navajo (gegen Gebühr) besucht werden, entweder zu Fuß – Achtung: der Canyon ist riesig –, mit dem Auto oder aber mit Pferden.

REISEGEPÄCK Wanderkleidung ist zu jeder Jahreszeit unbedingt notwendig. Tagsüber ist es relativ heiß, man bewegt sich jedoch auf 2500 bis 3000 Metern Höhe. Deshalb Windjacke, Wanderstiefel, Kopfbedeckung, Sonnenschutzcreme und Sonnenbrille nicht vergessen.

SCHWIERIGKEIT Kein Empfang für Navigationssysteme oder Mobiltelefone im Reservat. Daher genau auf die Beschilderungen und Hinweise am Weg achten.

WEBSITES
www.nps.gov/cach/index.htm
www.go-arizona.com
www.nationalparks.org
www.visittheusa.com

180 In dem ungewöhnlich breiten Teilstück des Canyon gut zu erkennen: eine Biegung des Chinle Wash, von dem der Canyon gegraben wurde.

181 oben Eine Wandbemalung im Canyon del Muerto zeigt spanische Soldaten.

181 unten In den Ruinen der kleinen Siedlung Mummy Cave der Pueblo-Indianer fand man 1882 zwei Mumien.

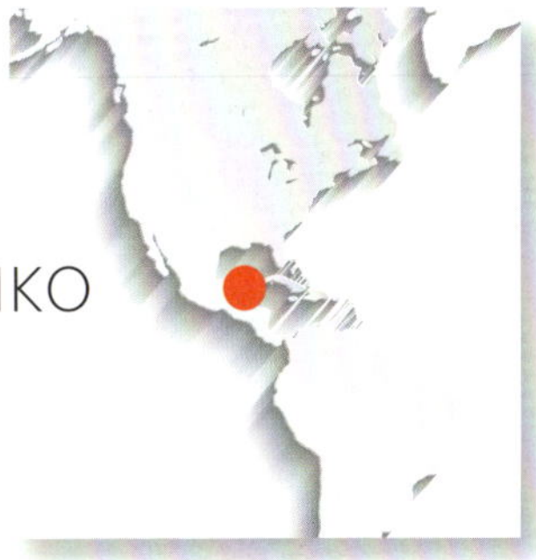

IN DIE GESCHICHTE EINTAUCHEN

GEHEIMNISVOLLES WUNDER DER NATUR: EINE KLEINE PARALLELWELT ERÖFFNET SICH TAUCHERN, DIE IN YUCATÁN DIE TIEFEN EINES CENOTE ERFORSCHEN.

Nur wenige Zentimeter trennen das Ufer des Cenote Aktun Ha von seiner Wasseroberfläche. Man kann die Füße ins Wasser baumeln lassen oder aber einfach sanft hineingleiten. Man braucht weder über Stufen hinunterzusteigen (außer in der Trockenzeit) noch muss man – wie sonst so oft – ins Wasser springen. Der Cenote Aktun Ha befindet sich nur wenige Dutzend Meter jenseits der Straße zwischen Tulum und Cobá. Das kristallklare Wasser liegt so ruhig da, dass man bereits bei einer Schwimmbewegung meinen könnte, man schade der Natur. Und doch kann man dort

182-183 Leuchtende Seerosen treiben im klaren Wasser des Cenote Aktun Ha unweit von Tulum. Die berühmtesten Cenoten befinden sich entlang der Riviera Maya.

183 Blick von oben auf einen Cenote inmitten eines Waldes der Region Quintana Roo, im Osten der Halbinsel Yucatán.

noch viel mehr erleben. Beginnen wir noch einmal von vorne. Sogenannte Cenoten sind große (oder auch riesige) Süßwasserbecken. Solche Becken, die mitten im Wald zwischen den Bäumen vorkommen, entstanden durch das Einstürzen von Höhlen, in denen sich die Becken ursprünglich befanden. Tatsächlich gibt es noch immer viele solcher unterirdischer Cenoten, die zum Großteil auch zugänglich sind. Die eingestürzten Kalksteinhöhlen sind jedoch nicht nur wunderbare Naturpools. Zu ihnen gehören außerdem unterirdische Labyrinthe, Höhlensysteme und Flüsse, die ins Meer führen. Im Schutz des mexikanischen Dschungels zwischen weißen Sandstränden und überraschend auftauchenden Wasserfällen gelegen, bergen diese karstigen Naturphänomene oft auch Salzwasser und Meerespflanzen. Yucatán ist das Reich der Cenoten. Von den Maya wurden sie als kostbare Wasserquellen sowie als Eingang zum *Inframundo*, der Unterwelt, verehrt. Die großen Gruben, blaue Schlünde, galten als wichtige Verbindungskanäle für die Kommunikation mit den Göttern. So fand man in vielen der Cenoten sogar Votivgegenstände und Überreste menschlicher Opfergaben. Der Aktun Ha beispielsweise ist ein komplexes Gebilde. Er besteht aus einem offenen Becken und einem weitläufigen unterirdischen Bereich, in den Taucher durch zwei Öffnungen gelangen. Man kann hier also nicht nur schwimmen, sondern auch schnorcheln. In der Nähe des Waldes ist der Cenote nur wenige Meter tief und dicht mit großen rosa- und lilafarbenen sowie gelben Seerosen bewachsen: Ein sagenhaftes Becken, in das sich von Zeit zu Zeit gerbstoffreiche Wasserströme mischen und den kleinen See in warme Farben tauchen, die an einen Sonnenuntergang

erinnern. Ganz besonders außergewöhnlich ist dieser Effekt unter Wasser. Für erfahrene Taucher bleibt noch die geschlossene Höhle. Dort fließt ein unterirdischer Fluss, der sich allmählich im Kalk verliert. Durch einen Schlitz in der Decke dringt teilweise Sonnenlicht in die Kalksteinhöhle, teilweise ist es dort stockdunkel. Zwar ist dieser Cenote nicht besonders gefährlich, doch man sollte nicht leichtsinnig sein. Die maximale Tiefe beträgt etwa 20 Meter, ein örtlicher Tauchführer ist obligatorisch.

Ob schwimmend oder tauchend – im Inneren eines Cenote macht man besondere Begegnungen: mit kleinen Schildkröten, Krokodilen, unterschiedlichen Fischarten, vor allem mit solchen, die von den Mexikanern als Tetras bezeichnet werden. Es sind kleine schillernde Fische, die man sonst nur aus Aquarien kennt und die gerne mit den Luftblasen der Taucher spielen. Auf Yucatán gibt es mindestens 7000 Cenoten. Durch Erosion wurde das Gestein so weit abgetragen, dass die Decken dieser großen Höhlen einstürzten. So entstanden die Wasserbecken unterschiedlicher Größe. Hinzu kommt, dass die Oberfläche der Halbinsel durch

REISETIPPS

BESTE REISEZEIT Aufgrund der hohen Temperaturen kann man Yucatán das ganze Jahr hindurch besuchen; Hochsaison herrscht mit den mildesten Temperaturen zwischen Dezember und April; die feuchteste Jahreszeit, in der mit viel Regen zu rechnen ist, dauert von Juni bis Oktober.

ANREISE Die nächsten internationalen Flughäfen sind Merida und Cancún; in der Region selbst fahren Busse zu den touristischen Zielen, oder man mietet sich ein Auto..

REISEGEPÄCK Für schwierige Tauchgänge ist ein Tauchschein erforderlich. Auch für die Erforschung der unterirdischen Höhlensysteme muss ein entsprechendes Dokument vorgelegt werden. Tauchausrüstung und Taucheranzug kann man vor Ort leihen.

SCHWIERIGKEIT Für weniger Geübte sind in Extremlagen zur Sicherheit Seile vorhanden. In den großen und bekannten Höhlen sind immer Aufsichtspersonen anwesend. Bei Tauchgängen stets den Tauchführern und markierten Wegen folgen.

WEBSITES
www.visitmexico.com/it,
cenotesmexico.org
www.divecenotesmexico.com,
bluelife.com

184 Ein Bewohner dieser Gewässer ist das Krokodil. Wenn auch relativ klein – ausgewachsene Männchen werden bis zu 3 Meter lang – ist es für den Menschen nicht ganz ungefährlich.

185 oben Die bunte Unterwasserfauna im Inneren der Cenoten lädt zum Schnorcheln ein.

185 unten Die mesoamerikanische Schildkröte zählt zu den Bewohnern der Naturpools im mexikanischen Dschungel.

186 Seit jeher spielen die Cenoten für die Maya eine wesentliche Rolle, denn sie waren nicht nur eine nie versiegende Süßwasserquelle. Die indigene Bevölkerung sprach den natürlichen Höhlen außerdem besondere Heilkräfte zu.

187 Ein Taucher erforscht das Innere eines Cenote. In den labyrinthartigen Gängen der größeren Höhlen sollte man sich unbedingt zurechtfinden können.

den kalkhaltigen und porösen Boden wasserarm ist. Das Wasser sammelt sich also in der Tiefe und schafft dort eine faszinierende unterirdische Welt aus Stalaktiten und Stalagmiten. Der Name Cenote bedeutet in der Sprache der Maya so viel wie »Wasserhöhle« oder »Heilige Quelle«. Auch in den zahlreichen Legenden, die sich um die Cenoten ranken, kommen wunderbare Heilungen durch Götter vor.

Einem Bad in diesen Gewässern kann man kaum widerstehen, außerdem kann man schnorcheln, wie auch in Aktun Ha. Wer tauchen möchte, benötigt einen örtlichen Tauchführer, um sich nicht in den unzähligen Gängen der verwinkelten Felsenlabyrinthe zu verirren. Nicht alle Cenoten sind gleich, es gibt unterschiedliche Arten. Da sind zum einen die offenen Höhlen, die mit ihrer herrlichen Vegetation regelrechte Postkartenmotive darstellen. In die geschlossenen Cenoten führen Höhlengänge, so auch in die beiden Cenoten von Dnitzup: Samulà und X'Kekén. Der X'Kekén ist aufgrund seines eindrucksvollen und vollkommen von Wurzeln umgebenen Wasserfalls einer der meistfotografierten Cenoten von Yucatán. Viele der speziell auf Besucher ausgerichteten Cenoten (mit Umkleiden, Tauchführern etc.) befinden sich im Osten der Halbinsel.

SENSIBLE ÖKOSYSTEME

Die Felsen von Yucatán sind 200 Millionen Jahre alt. Sie bestehen aus hellem porösen und bröckeligen Kalkstein. Außerdem ist Yucatán ein Tafelland, nur wenige Meter über dem Meeresspiegel und beinahe vollkommen flach. Die Folge: Der Regen rinnt überall hinein, das Gestein bröckelt, wird eingeschnitten, das Wasser bahnt sich seine Wege bis unter die Erde. So bildet sich eine unterirdische Landschaft aus Wasserwegen, Quellen, Seen, Grotten, Höhlensystemen, aus zusammenhängenden und bis ins Meer führenden Gängen. Die Oberfläche ist eine klassische Karstlandschaft. Die örtlichen Dolinen heißen hier Cenoten, was auf dzanot, der Sprache der Maya, etwa so viel heißt wie »Wasserhöhle«. Es sind recht weite und mehr oder weniger tiefe Wasserspiegel. Das Ökosystem dieser Gegend ist extrem anfällig, daher wird darauf hingewiesen, dort beim Baden wenigstens auf Sonnenschutzmittel und Ähnliches zu verzichten, was das ökologische Gleichgewicht dieses Ortes beeinträchtigen könnte.

SCHMETTERLINGE FÄRBEN DIE WÄLDER DER SIERRA BUNT

MILLIONEN SCHMETTERLINGE FLATTERN MIT IHREN ZARTEN FLÜGELN VON KANADA NACH MICHOACÁN IN MEXIKO, DAS SIE ZU IHREM WINTERQUARTIER AUSERWÄHLT HABEN. NACH ETWA DREI MONATEN, KURZ VOR DEM HEISSEN TROPISCHEN SOMMER, TRETEN SIE DEN RÜCKFLUG AN.

Jedes Jahr legen Monarchfalter von den amerikanischen und kanadischen Rocky Mountains bis zu den Zentralkordilleren in Mexiko etwa 500 bis 6000 Kilometer zurück und vollziehen so ihren Fortpflanzungs- und Evolutionszyklus. Zwischen Dezember und Februar hängen sie dicht gedrängt an Pinien, Tannen und Zedern und füllen die Luft mit Flügelrascheln und orangen Farbtönen. Dieses Naturschauspiel, das sich zwischen den Bergwäldern, den hohen Bäumen, auf abschüssigem Gelände, inmitten der Pfade und Täler der Sierra de Anáhuac, zwischen Toluca und Morelia abspielt, ist fantastisch. Die Schmetterlinge sitzen auf den Blütenständen, die ihnen als Nahrungsquelle dienen (am liebsten sind ihnen die *Asclepiadacae*, Seidenpflanzengewächse). Ein plötzliches Geräusch, ein Windstoß, und sie flattern mit einem Schlag gleichzeitig auf: Der Himmel färbt sich bunt, alles bewegt sich, weht, schwirrt und vibriert. Für Monarchfalter gibt es fünf Schutzgebiete im Bundesstaat Michoacán. Sie liegen alle in der Sierra, die Toluca von Morelia (im Nordosten der mexikanischen

188 Hunderte von Monarchfaltern bedecken die Baumrinde einer Pinie. Sie dient ihnen während der Winterstarre als Quartier.

189 Der Kreislauf des Lebens dieser Insekten ist faszinierend und geheimnisvoll. Nur Tiere, die am Ende des Sommers geboren werden, sind für den langen Flug gerüstet.

REISETIPPS

BESTE REISEZEIT Bis auf wenige Ausnahmen kommen die ersten Monarchfalter Anfang November in Mexiko an. Ihre Tropensaison dauert bis Ende März.

ANREISE 5-6 Stunden Fahrt mit dem Bus von Morelia, 7 Stunden Fahrzeit von Mexiko-Stadt; keine Direktverbindung. Von Tagesausflügen ist abzuraten. Angesichts der gegenwärtigen Lage in Mexiko und der Tatsache, dass auch Michoacán in den Drogenhandel verstrickt ist, sind organisierte Touren mit örtlichem Führer empfehlenswert. In der Hochsaison ist es nicht leicht, vor Ort eine Unterkunft zu finden.

REISEGEPÄCK Wanderkleidung! Tagsüber ist es relativ heiß, man befindet sich jedoch in Höhenlagen von 2500 bis 3500 Metern. Wanderstiefel, Kopfbedeckung, Sonnenschutzcreme, Sonnenbrille sowie auch Funktionskleidung gegen die Kälte.

SCHWIERIGKEIT Eine gute Fitness ist von Vorteil.

WEBSITES hablemosdeinsectos.com/santuario-de-la-mariposa-monarca
www.mexicodesconocido.com.mx/mariposa-monarca-santuarios-mexico.html
www.monarch-butterfly.com

190 Monarchfalter sind die einzige Tierart weltweit, die eine so lange Wanderung, ähnlich der der Zugvögel, unternimmt.

191 oben Zwar unternimmt keiner von ihnen die Reise zweimal, trotzdem kennen die Schmetterlinge ihre Route instinktiv.

191 unten Das Biosphärenreservat Mariposa Monarca zählt seit 2008 zum UNESCO-Welterbe.

Hauptstadt) trennt: in Piedra Herrada, La Mesa, El Capulín, Sierra Chincua und El Rosario. Piedra Herrada, am Fuße des Nevado de Toluca (4700 Meter), ist am höchsten gelegen, El Capulín ist wohl am besten erschlossen, El Rosario ist das älteste Schutzgebiet und offizieller Sitz des Biosphärenreservats der Monarchfalter von Mexiko (Reserva de la Biosfera Mariposa Monarca), etwa 130 Kilometer von der Hauptstadt entfernt. Direkte Busverbindungen hierher gibt es nicht, die genannten Orte sind nur durch Umsteigen zu erreichen. Zusätzlich muss man 2-4 Kilometer zu Fuß durch die Wälder gehen oder reiten.

FASZINIERENDE MIGRATION

Monarchfalter (Danaus plexippus) leben in der Regel nur einige Wochen. Daraus kann man schließen, dass die Tiere, die beispielsweise von Norden aufbrechen, nicht dieselben sind wie jene, die in der vorherigen Saison den Süden verlassen haben. Umso bemerkenswerter ist es, dass viele der Schmetterlinge, die von Norden kommen, dank eines komplexen und für die Fortpflanzung unerlässlichen biologischen Mechanismus bis zu acht Monate überleben können. Fest steht, dass verschiedene Generationen am Wanderflug beteiligt sind. Die Monarchfalter kommen und gehen seit Jahrtausenden und legen ihre Eier oftmals auf denselben Bäumen ihrer Vorfahren ab. Ein Wunder der Natur. Aber letzten Endes klingt ja auch das Wort mariposa (die spanische Bezeichnung für »Schmetterling«) ein wenig nach Magie.

DER FLÜSSIGE REGENBOGEN

SATTE FARBTÖNE MACHEN DIESEN FLUSS MIT SEINEM KRISTALLKLAREN WASSER UND FELSIGEN GRUND ZU EINEM WELTWEIT EINZIGARTIGEN, BUNTEN NATURSCHAUSPIEL, DAS ZWAR NUR WENIGE MONATE ANDAUERT, ABER FÜR IMMER VERZAUBERT.

Wie aus einem Versteck, das die Natur bewahren möchte, kommt er ganz plötzlich und auf spektakuläre Art und Weise im südlich der kolumbianischen Hauptstadt Bogotá gelegenen Nationalpark Serranía de La Macarena zum Vorschein: der Caño Cristales, auch »flüssiger Regenbogen« genannt. Es scheint, als hätte der Fluss seine Farben geradewegs einem Märchen entliehen und sie zu einem außergewöhnlichen und träumerischen Bild vermischt. Moos und Algen bedecken das Flussbett, und wenn die Regenzeit allmählich von der Trockenzeit abgelöst wird und der Wasserspiegel sinkt, dann erwacht die Vegetation durch die Sonnenstrahlen zu neuem Leben und wechselt ihre Farbe. Und mit ihr wechselt sie auch der Fluss. Die Hauptzutat dieses magischen Elixiers ist die *Macarenia clavigera*, eine besondere Süßwasserpflanze mit samtigen Blüten und reichem Karotinoidgehalt. Das psychedelisch anmutende Naturschauspiel beginnt mit einer Farbexplosion. Zu Grün kommen rote, gelbe, orange- und pinkfarbene sowie blaue, weiße und schwarze Farbkleckse. Woche um Woche mischen sich stets neue Nuancen zu den dunklen Farbtönen der Felsen. Das Wasser durchspült Stromschnellen und Wasserfälle, Naturpools und, vor allem dort, wo der Fluss »los ochos« genannt wird, gigantische Kessel, die im Boden stecken, als wären sie tiefe

192 Bei Sonnenschein leuchtet der Fluss prächtig und gibt das Naturschauspiel des »Fünf-Farben-Flusses« zum Besten.

193 Nur über wenige Wochen im Jahr, von September bis November, dauert das Naturphänomen an.

Farbeimer, in die der Fluss seine Pinsel taucht. Mehr als 100 Kilometer weit reicht das Spiel der Farben, die von den flachen Ebenen und steil abfallenden Hügeln der umliegenden Landschaften reflektiert werden. Im November trocknen die Algen aus, vermehren sich und werden blasser. Dann wird der Zauber unterbrochen, und der Caño Cristales verwandelt sich wieder in einen »gewöhnlichen« Fluss des grünen Meta. Lange Zeit war der Nationalpark für Besucher nicht zugänglich, da er sich auf der Route der kolumbianischen revolutionären Mächte befand. Inzwischen kann er, dank eines Friedensabkommens mit der Regierung, besucht werden. Nun ist der Klimawandel seine größte Bedrohung. Dieser Naturschönheit kann man sich ausschließlich mit lizensiertem Führer erfreuen, der gleichzeitig auch die nötige Sicherheit gewährleistet. An einigen Stellen besteht das Schutzgebiet nämlich noch aus wilder Landschaft und ist nicht beschildert. Außer einem Puma, Jaguar oder Leguan könnte aus dem Gebüsch ebenso ein lieber gesehener Hoatzin (*Opisthocomus hoazin*) mit flottem Haarschopf und buntem Federkleid hervorspitzen.

REISETIPPS

BESTE REISEZEIT Zugänglich von Mitte Juni bis Ende November. Die beste Zeit für die Beobachtung des Farbphänomens sind die beiden letzten Monate, ab September.

ANREISE Von La Macarena aus, das wiederum mit kleinen Flugzeugen von Bogotà aus zu erreichen ist; vom Hafen aus setzt man dann mit Ruderbooten über den Rio Guayabero über, oder aber man fährt mit Geländefahrzeugen zum Park. Örtliche Veranstalter organisieren geführte Touren zu Fuß oder auf Pferden bis zum Fluss. Die Streck im Park kann je nach Wetter und Besucheranzahl variieren.

REISEGEPÄCK Luftige Kleidung, die vor der Sonnenstrahlung schützt und schnell trocknet. Wasserdichte knöchelhohe Schuhe. Achtung: Sonnen- und Insektenschutzmittel und andere chemische Produkte sind im Park nicht erlaubt.

SCHWIERIGKEIT Für jeden geeignet. Man sollte jedoch beachten, dass der Großteil der Tour durch den Fluss verläuft und das Wasser bis zu den Knöcheln oder Knien reicht.

WEBSITES
www.canocristales.com
www.cano-cristales.com
www.qualitygroup.it
www.presstours.it

194 Kleine Wasserläufe sprudeln aus den Felsen und nähren die Farbenpracht des Flusses.

195 oben Das Wasser des Caño Cristales wechselt in seinem Lauf zwischen grünen, roten, gelben, blauen und weißen Farbtönen.

195 unten Die Tour zum Fluss findet mit örtlichen Führern statt. Der Weg ist ziemlich anspruchsvoll, für die Anstrengung wird man jedoch redlich belohnt.

AUF NACH AMAZONIEN

EIN WAHRHAFTIGES VENÖSES SYSTEM, IN DEM HUNDERTAUSENDE TIER- UND PFLANZENARTEN GEDEIHEN – DANK DEM AMAZONAS, DEM LÄNGSTEN FLUSS DER WELT, DER MILLIONEN KUBIKMETER WASSER FÜHRT.

Gegen 18 Uhr bricht plötzlich die Nacht herein. Während man den Indios durch den etwa 30 Kilometer von Manaus, der Hauptstadt des brasilianischen Bundesstaates Amazonas, entfernten Wald folgt, der für seine gigantische Größe gerade einmal vier Millionen Einwohner zählt, bemerkt man gar nicht, wie langsam die Dämmerung einsetzt und sich allmählich stockdunkle Finsternis ausbreitet. Tagsüber erscheinen die Geräusche im Wald weniger bedrohlich, nachts ist alles umso lauter: Pfeifen, Rufe, Schreie, Bäume, die rascheln, wenn neugierige Affen das kleine Camp ausspähen, weit entfernte Geräusche, eine Art moduliertes Pfeifen, ein Zeichen dafür, dass die *Onca pintada*, der Jaguar – der Schrecken aller Bewohner des riesigen Waldes –, bereits

196-197 Ein Teilstück des Amazonas, aufgenommen von einer Drone, die durch die Bäume des Regenwalds dringt.

197 Ein Kreuzfahrtschiff durchquert das Becken des großen Flusses in der Nähe von Iquitos. Der Amazonas dient außerdem als Seeweg für den Warentransport.

ganz in der Nähe ist. Unser Abendessen besteht aus etwas Zwieback, einer kleinen Flasche Wasser und einem kleinen Krokodil über dem Feuer, das der Machete eines unserer Führer zum Opfer gefallen ist. Unser Camp, das aus urplötzlicher, unbändiger »Abenteuerlust« entstand, ist nur ein winziger, mit dem Mikroskop erkennbarer Punkt im grenzenlosen Amazonasbecken, in dem stets dieselben Landschaftsbilder wiederkehren: *Igapós* (überflutete Wälder), Felder, Bäume, weitere Felder, unbebautes Land und Wasser, so weit das Auge reicht. Das Wasser stammt vom erhabenen Amazonas, dem mit einer Länge von 6992 Kilometern längsten Fluss der Erde, sowie von seinen großen Nebenflüssen (Yavarí, Juruá, Madeira, Negro, um nur einige wenige zu nennen. Sie alle messen über 1000 Kilometer Länge). Hinzu kommen noch weitere, über 1000, sie bilden das »Nervensystem« des Amazonasbeckens. Und genau hier auf dem Amazonas, dem Fluss, der einem Meer gleicht und wo der Blick oft nicht bis zum anderen Ufer reicht, kann man etwas Außergewöhnliches erleben. Eine unvergessliche Erinnerung ist die Reise von Manaus nach Belém, in die Hauptstadt des Pará (1600 Kilometer in fast fünf Tagen auf dem Wasser), an Bord von Fähren, entfernten Verwandten der *Gaiola*s (die alten und kargen Schiffe, die noch immer hier verkehren), nur größer, sicherer und pünktlicher. Bereits außerhalb von Manaus vollzieht sich der *encontro des águas* zwischen dem Rio Solimoes und dem Rio Negro, die sich zum Amazonas vereinigen. Doch bevor sie aufeinandertreffen

REISETIPPS

BESTE REISEZEIT Am besten im Juli, August und September; die Zeit zwischen Dezember und Mai ist nach Möglichkeit zu meiden, denn dann herrscht das heißeste und feuchteste Klima und Niederschläge sind am häufigsten.

ANREISE Abgelegt wird von Manaus. Hierher gibt es mehrmals täglich Flüge von den wichtigsten brasilianischen Flughäfen.

REISEGEPÄCK Bequeme und luftige Kleidung, ideal geeignet sind Hosen mit großen Seitentaschen, die sich zu kurzen Hosen umfunktionieren lassen; T-Shirts, leichte Wind- und Regenjacke, Kopfbedeckung mit Mückennetz. Man sollte immer Wasser und Mineralstoffe bei sich haben.

SCHWIERIGKEIT Keine besondere Schwierigkeit, Vorsicht und gute Ausrüstung sind jedoch Voraussetzung; örtlicher Führer unbedingt notwendig. Für Reisen ins Amazonasgebiet benötigt man eine Gelbfieberimpfung und Malariaprophylaxe.

WEBSITES
portalamazonia.com.br,
vivamanaus.com, parintins.com,
www.artransporte.com.br

verlaufen sie parallel zueinander. Aufgrund des unterschiedlichen Säuregehalts, Temperatur und Geschwindigkeit des Wasserflusses fließen sie selbst auf einer Strecke von etwa zehn Kilometern nicht ineinander über. Auf dieses Phänomen stößt man während der Reise nach Santarém erneut, nur etwas weniger offensichtlich. Außerdem beeindruckend: die Amazonasdelfine (*Inia geoffrensis*), die *Botos*, die rosafarbenen Flussdelfine, mit dem ungewöhnlich langen Schnabel, die von den Indios als Tiere göttlicher Abstammung angesehen werden. Zudem überraschend ist das Aufeinandertreffen mit den Ribeirinhos, die entlang des Flussufers leben, zum großen Teil Fischer und viele Kinder, die von örtlich gefertigten Dingen über Heilmittel aus dem Regenwald und frisch gefangenem Fisch bis hin zu den leckeren, über dem Feuer gekochten Tapioka-Fladen alles mögliche zu verkaufen versuchen. Während der Flussfahrt hält man an Orten von unbändiger Schönheit und Kultur, wie beispielsweise in Parintins, wo jedes Jahr eines der wichtigsten Folklorefeste in ganz Lateinamerika und Santarém stattfindet. Die Stadt wurde im Jahr 1661 gegründet und ist eine der ältesten des Amazonasgebiets.

198 Der Amazonas-Regenwald erstreckt sich über gut fünf Millionen Quadratkilometer, sieben Millionen sind es mit dem angrenzenden leicht bewaldeten Gebiet.

199 oben Der rote Uakari ist an seiner leuchtenden Gesichtsfarbe erkennbar.

199 unten Scharlacharas haben ein buntes Gefieder.

200-201 Die rosarote Färbung der *Botos* ist typisch für die ausgewachsenen Männchen dieser Art.

VOM AUSSTERBEN BEDROHT

Sie sind ebenso neugierig wie ihre nächsten Verwandten aus dem Salzwasser. Sie kommunizieren mit dem Menschen und ihr Schnabel, mit dem sie aus den verworrenen Baumwurzeln Fische, Schildkröten und Schalentiere fangen können, ist viel länger und ausgeprägter als der von Delfinen. Die Säuger kommen in den Süßwasserflüssen des Amazonas, Solimoes und Araguaia sowie im unteren bolivianischen Amazonasbecken vor und sind mittlerweile das Symbol des Amazonas. Am bekanntesten unter ihnen sind die Boto cor-de-rosa (die Amazonasdelfine, Inia geoffrensis), benannt nach ihrer rosafarbenen Pigmentierung, die vor allem auf der Haut der ausgewachsenen Männchen deutlich sichtbar ist. Daneben gibt es auch die schwarzen Tiere (Sotalia fluviatilis), die von den Indios Tucuxi und von der brasilianischen Bevölkerung Boto preto genannt werden. Ein Symbol, das vom Aussterben bedroht ist. Laut neuester Untersuchungen von » Plos One«, einer Fachzeitschrift der amerikanischen Public Library of Science, die sich auf die Daten einer 22-jährigen Studie im Schutzgebiet von Mamirauá stützt, verringert sich die Zahl der Exemplare der Boto cor-de-rosa alle zehn Jahre, die der Boto preto alle neun Jahre jeweils um etwa die Hälfte, wenn man davon ausgeht, dass Amazonasdelfinweibchen alle 4-5 Jahre nur ein Junges zu Welt bringen und dass die Tiere grausam getötet werden, da ihr Fleisch als Köder für den Tiger-Spatelwels (eine Welsart, die auf Märkten ganz besonders gefragt ist) verwendet wird.

BRASILIEN

DIE POOLS VON LENÇÓIS, VOM WIND GEZEICHNET

WÜSTE UND WASSER. EIN WELTWEIT EINZIGARTIGER ORT, DER SEIT MEHR ALS 10 000 JAHREN IMMER WIEDER ZU NEUEM LEBEN ERWACHT. WO DIE NATUR UNANGEFOCHTEN REGIERT UND DEN MENSCHEN BEOBACHTET, DER ALS PILGER HIER VORÜBERZIEHT UND VOM GLÜCK GEKÜSST WIRD.

Aus den Gesichtern der Touristen, die sich in den extremen Nordosten Brasiliens voranschrauben, lässt sich das sichere Gefühl ablesen, sich an einem besonderen Ort zu befinden. Die Fläche von etwa 1500 Quadratkilometern (und damit ebenso groß wie die São Paulos) erstreckt sich vom Meer bis in den Wüstenstaat Maranhão. Die von kristallklaren Naturpools durchsetzte Dünenlandschaft, die von Fischern bewohnten Küstengegenden, die beiden Flüsse (Preguiças und Alegre), von denen die Gegend bis zum Ozean gezeichnet ist, schaffen selbst in dem für seine zahlreichen Naturrekorde bereits berühmten Brasilien eine außerordentliche Atmosphäre. Lençóis, die Bettlaken – wie der Ort aufgrund der schneeweißen Dünen auch genannt wird, die aussehen wie ungemachte

202-203 Jede Aufnahme des Lençóis Marahenses National Park ist einzigartig: Vom Wind verweht sind die Dünen nie dieselben wie am Tag zuvor.

203 Der Nationalpark wurde 1981 eingerichtet und erstreckt sich über eine Fläche von 1550 Quadratkilometern.

204 Die Sanddünen kesseln das Regenwasser ein und lassen stimmige, wiederkehrende Muster entstehen, die jedes Jahr etwa 60 000 Besucher anziehen.

205 Der Lençóis Maranhenses National Park aus der Vogelperspektive. Jeeps werden am Eingang des Parks abgestellt, Motorfahrzeuge sind im Park nicht erlaubt, da sich in den sanften Dünen verschiedene Tiere wie Insekten, Zugvögel und Schildkröten verbergen.

Betten –, ist ein kleines Wunder, das seit über 10 000 Jahren regelmäßig wiederkehrt. In der brasilianischen Bevölkerung macht man Witze darüber: »Nur hier in Brasilien gibt es eine Wüste mit Wasser!« Das kristallklare Süßwasser kommt zwischen Januar und Juni zum Vorschein, erreicht im September den höchsten Stand, um dann wie von Zauberhand für den Rest des Jahres wieder zu verschwinden. Die indigene Bevölkerung sieht es als eine Art Zauber an, als ein Geschenk der Erde, das es zu respektieren gilt. Naturforscher, die dieses Phänomen seit Jahren untersuchen, haben eine etwas einfachere Erklärung: Durch die ausgiebigen Regenfälle (im Durchschnitt regnet es hier 300 Mal am Tag) steigt der Grundwasserspiegel im Durchschnitt bis zu einem Meter an. Die Hohlräume in den Dünen werden mit Wasser gefüllt. Während der Regenzeit wird der Sand feucht, der Wind kann ihn nicht weitertragen. So entstehen die Naturpools, die zum Hineinspringen einladen und in denen Fische schlüpfen und sich vermehren – ein großes Geschenk für die einheimische Bevölkerung. Sobald die Regenfälle nachlassen, nimmt der böige Wind, der mit einer Geschwindigkeit von bis zu 70 Kilometern pro Stunde vom Meer landeinwärts weht, seine Arbeit wieder auf: Er bewegt die Dünen (an einem Tag können sie sich sogar um bis zu zehn Zentimeter verschieben), formt sie immer wieder zu neuen Figuren, die an die modernistischen Gebäude Oscar Niemeyers erinnern, er durchgräbt die Wüste, bläst Tonnen von Sand immer weiter ins Landesinnere, verschlingt Hütten, Mangrovenwälder und Palmen. Außer einem klassischen Bad in der Lagune sind hier noch weitere Begegnungen mit der Natur geboten: Birdwatching bei Sonnenuntergang in Atins, in der Nähe des Flusses Preguicas, wo man die Ankunft Dutzender roter Ibisse beobachten kann, die sich über Nacht auf die Bäume begeben; außerdem Trekking unterschiedlicher Schwierigkeitsstufen im Herzen des Nationalparks; Freunde des Wassersports können an der Küste die Wellen beim Kitesurfen herausfordern; für spektakuläre Fotos von oben kann man an Bord einer Piper den Park überfliegen.

REISETIPPS

BESTE REISEZEIT Von Januar bis Juni sind die Naturpools am besten zu sehen. In einigen Gebieten hält der Wasserpegel auch bis zum Höhepunkt der Trockenzeit im Oktober an.

ANREISE Die Straße wurde erneuert, daher kann die Strecke nun relativ schnell zurückgelegt werden. Vom Flughafen in São Luís sind es 260 Kilometer. Reisepakete beinhalten ein Fahrzeug mit 4x4-Antrieb inklusive Busfahrer und Übernachtung vor Ort. Anderenfalls kann man auch ein Auto mieten (am besten einen Jeep). Achtung: Autos im Park benötigen eine spezielle Genehmigung. Zweimal täglich fahren Busse vom Terminal rodoviário in São Luís ab. Fahrzeit: vier Stunden.

REISEGEPÄCK Strandkleidung, eine leichte Jacke für abends, Kopfbedeckung (unbedingt notwendig!), Bade- und Turnschuhe, Sonnenschutzcreme und Insektenspray. Trekkingschuhe für Sportbegeisterte.

SCHWIERIGKEIT Unterschiedliche Strecken für jedermann. Weniger Geübte laufen am besten zur Lagune von Santo Amaro. Mit zugelassenen Verkehrsmitteln gelangt man durch den Park bis an den Fuß der Dünen. Oder man bleibt in der Nähe von Barreirinhas und reserviert eine der angebotenen Touren (von jeweils unterschiedlicher Dauer) vor Ort. Wer es anspruchsvoller möchte, kann eine Trekkingtour durch den Park unternehmen und zu Fuß von Atins bis Santo Amaro laufen.

WEBSITES www.icmbio.gov.br/parnalencoismaranhenses/guia-do-visitante.html
www.turismo.ma.gov.br
portalbarreirinhas.com.br

DIE GALAPAGOSINSELN: EIN ZAUBERHAFTER ARCHIPEL

EIN EINZIGARTIGES SCHUTZGEBIET UND DIE AUSSERGEWÖHNLICHEN TIERE DER INSELN CHARLES DARWINS UND SEINER EVOLUTIONSTHEORIE.

Unzählige Albatrosse hüpfen im Gänsemarsch den Hang hinauf. Sie drängeln nicht, sondern warten diszipliniert ab, bis sie an der Reihe sind, um sich dann von der steilen Felswand in die Lüfte zu schwingen. Sie fliegen alle vom selben Punkt aus, als würden sie den Felssporn als Startbahn ihrer großen Reisen ansehen. Wenn sie die Luftströme richtig nutzen, können sie ohne abzusetzen über Tausende Kilometer in der Luft bleiben. Mit

206 Der Galapagos-Seelöwe ist auf den Inseln endemisch. Hier: der unberührte Strand der Gardner Bay auf Española. Da die Tiere relativ zutraulich sind, kommt es nicht selten zum direkten Kontakt im Wasser.

206-207 Das bewegte Kap der Insel Bartolomé vom Belvedere aus gesehen. Bei klarem Himmel kann man von hier aus gut zehn Inseln überblicken.

einem Gewicht von 13 Kilogramm und einer durchschnittlichen Flügelspannweite von zwei Metern sind Albatrosse (*Diomedea irrorata*) die größten Vögel der Erde. Ihr Gewicht und ihre Größe erschweren es ihnen, vom Boden zu starten (vom Meer aus ist es ihnen gar unmöglich). Deshalb benutzen sie Abhänge als Flugschanzen. Auf dem Weg zum Abflugfelsen der Albatrosse an der Punta Suarez auf der Insel Española läuft man an einer Reihe von Tölpeln vorbei, die ihre Füße in einen Teich roter oder blauer Farbe getaucht zu haben scheinen. Hier rasselt die Natur ihren gesamten Katalog herunter, ohne irgendetwas außen vor zu lassen. Ebenfalls an der Ostküste, jedoch auf der anderen Seite der Insel, schlummern in der Gardner Bay Dutzende Seelöwen (*Zalophus californianus*) eng an ihre Jungen geschmiegt in den Sanddünen. Von deren Ausscheidungen – so hat es die Natur geregelt – ernähren sich die Meerechsen (*Amblyrhynchus cristatus*). Diese Urzeit-Reptilien können ihren Herzschlag so weit herunterfahren, dass sie es schaffen, bis zu einer Stunde unter Wasser zu bleiben ohne Luft zu holen. Um sie herum sieht man anmutige rote Klippenkrabben (*Grapsus grapsus*) mit ihrem rot-gelben Panzer zwischen den mit Algen begrünten Felsen hin- und herlaufen. Auf den Wellen schaukeln faul die Pelikane, während die Riesenschildkröten (*Chelonoidis niger*), die dem Archipel seinen Namen verleihen – das spanische Wort *galápago* bedeutet Meeresschildkröte – nachts ihre Eier in Löcher legen, die sie in den Sand gegraben haben. Einst waren diese riesigen Reptilien auf allen Stränden der Galapgaosinseln

REISETIPPS

BESTE REISEZEIT Die Galapagosinseln liegen am Äquator, zeichnen sich jedoch aufgrund der von der Antarktis strömenden Kaltluft durch subtropisches Klima aus. Die Temperaturen schwanken zwischen 18 °C und 30 °C. Am besten eignet sich die Trockenzeit zwischen Juni und November für einen Besuch. Dann ist das Meer ruhig, das Wasser klar und bestens zum Schnorcheln und Tauchen geeignet.

ANREISE Flüge ab Quito und Guayaquil. Aus Umweltschutzgründen sind Individualreisen nicht erlaubt. Die Inseln werden mit kleinen Segelbooten (mit je max. 100 Passagieren) angefahren.

REISEGEPÄCK Leichte Sportbekleidung, Trekkingschuhe, Sonnenbrille, Kopfbedeckung, Badekleidung Taucherbrille und Flossen zum Schnorcheln, Fernglas für die Tierbeobachtung.

SCHWIERIGKEIT Die Touren werden immer von autorisierten Führern des Meeresparks begleitet, die die Besucher auf entsprechende Vorschriften im Park hinweisen.

zahlreich anzutreffen. Doch als Ende des 18. Jahrhunderts die Piraten im Archipel verschwanden und Walfänger ihren Platz einnahmen, wurden etwa 200 000 Schildkröten für ihr Fleisch getötet und die einheimischen Robben aufgrund ihres kostbaren Fells geschlachtet. So starb diese Spezies beinahe völlig aus. Die Begegnung mit unterschiedlichen Tierarten ist umso berauschender, wenn man durch die kristallklaren Tiefen der Gardner Bay schnorchelt, wo man eine weitere »intime« Erfahrung mit der Natur erleben kann. Hier schwimmt man nicht etwa zwischen Korallen und tropischen bunten Fischen wie in anderen Archipelen des Pazifiks, sondern zusammen mit Robben, Echsen, Pinguinen, Mantas, Hammerhaien und Delfinen. In der Darwin Bay auf der Isla Genovesa bietet der blaue Horizont zwischen weißem Sand und schwarzen Felsen die ideale Kulisse für die Beobachtung des Paarungsverhaltens der Fregattvögel: Um das Weibchen anzulocken, bläst das Männchen seinen roten Kehlsack auf. Oder man sieht den Tölpeln zu, die ein faszinierendes Flirtritual an den Tag legen, nachdem sie aus Ästen und Vogelmist ein Nest gebaut haben. Sachliche Informationen über diese Vögel sowie über Echsen, Schildkröten, Seelöwen, Albatrosse und Sturmvögel werden von

208 Die Riesenschildkröten der Galapagosinseln werden in freier Wildbahn durchschnittlich bis zu 100 Jahre alt.

209 Zwei Tölpel mit hellblauen Füßen: Während der Balz stellen die Männchen ihre bunten Füße zur Schau, um die Weibchen anzulocken.

den örtlichen Führern mit Verführungsszenen ausgeschmückt. Ihre Schilderungen sind eine Mischung aus wirklichkeitsgetreuen Einführungen und TV-Serien. Anders könnte es hier in Südamerika kaum sein, auf den Galapagos, den 13 Vulkaninseln, die 1200 Kilometer von der Küste Ecuadors entfernt verstreut im Pazifischen Ozean liegen. Es ist eine semiaride Landschaft, die beinahe ausschließlich aus Akazien, Kakteen und Euphorbien besteht. In jener dichten und naturintensiven Umgebung besitzt jede Insel ein für sie charakteristisches Merkmal. Auf der Isla Santa María, besser bekannt als Floreana, geht man in Punta Cormorant von Bord. Zwischen schwarzen Hügeln, die mit weißen Baumstämmen übersät sind, erstreckt sich die von rosaroten Pelikanen bewohnte Lagune. Auf der anderen Seite der Insel lassen sich Pinguine und Robben blicken. Lagunen, Basaltfelsen und Mangrovenwälder zeichnen die Landschaft von Fernandina am Fuße des jüngsten Vulkans im Archipel aus. Hier wie auch auf der nahe gelegenen Insel Isabela gibt es noch ein paar aktive Vulkankrater. Die Inselgruppe befindet sich auf dem Pazifischen Feuerring und erlebte in den letzten 200 Jahren 50 Vulkanausbrüche. In Punta Espinoza kann man Meerechsen aus nächster Nähe erleben. Sie nehmen in der Evolutionstheorie Charles Darwins eine bedeutende Rolle ein. Zwischen den Vulkankegeln erblickt man im Kanal, der die Insel Fernandina von der Insel Isabela trennt, nicht selten eine Walmutter mit ihrem Kalb am Horizont. Die Sonne geht auf. Ihr zartrotes Licht taucht den Himmel in

magische Pastelltöne. Sämtliche Passagiere befinden sich nun, ausgerüstet mit Fernglas und Fotoapparat, an Deck. Die Begegnung mit den Meeresriesen könnte einer der ergreifendsten Momente auf dieser Reise werden, wenn sie durch ihre gewaltige Größe, aber dennoch behutsam, Wellen und Strömungen entstehen lassen. In Tagus Cove auf der Insel Isabela führt ein zwei Kilometer langer Pfad zur Spitze des Kraters, an der sich auch ein Salzsee befindet. Von hier genießt man einen atemberaubenden Ausblick auf den Kanal, der die Insel Fernandina von ihrer Nachbarinsel trennt; der restliche Teil der Insel ist eher kahl. Hier wechseln sich Vulkankegel mit Lavafeldern und Akazienstämmen ab. Durch das trockene Klima sind sie verkalkt, hier und da findet man mickrige Kakteen. Das schönste Postkartenmotiv wartet in Bartolomé. Am besten klettert man auf den Gipfel, um das Zusammenspiel von Stränden, Bergen, Klippen und Zinnen zu bewundern, das sich an seinem Fuße darbietet.

210-211 Zwei junge Seelöwen spielen im Wasser.

211 oben Begegnung mit einem Walhai. Der größte Fisch der Welt ist für den Menschen harmlos.

211 unten Der Galapagos-Pinguin ist die einzige Pinguinart, die in tropischen Gebieten lebt.

212-213 Die Meerechse, ein Ur-Reptil mit besonderen Eigenschaften, ist das einzige bekannte Meerestier aus der Familie der Leguane.

DIE URSPRÜNGE DER EVOLUTIONSTHEORIE

Schon Charles Darwin war von der außergewöhnlichen Fauna auf den Galapagosinseln fasziniert. Fünf Jahre lang (1831–1836) erforschte er den Archipel während seiner Reise um die Welt an Bord der Brigantine H.M.S. »Beagle«. Hier formulierte der englische Wissenschaftler die Punkte seiner Evolutionstheorie, mit der er die damaligen wissenschaftlichen Auffassungen revolutionierte. In seinem Tagebuch »Reise eines Naturforschers um die Welt« widmete Darwin den Galapagosinseln 26 Seiten, auf denen er die einzigartigen Spezies beschreibt, die er hier fand: die über 100 Kilogramm schweren Schildkröten, die der Inselgruppe ihren Namen geben, und die bis zu einem Meter langen Echsen. Darwin fand heraus, dass die einzelnen Tier- und Pflanzenarten auf den Inseln endemisch waren: Sie waren nur hier vorhanden, da die Abgeschiedenheit für eine andere Entwicklung sorgte.

Heute werden die Forschungen, die der britische Wissenschaftler vor zwei Jahrhunderten aufgenommen hatte, von der Charles Darwin Research Station weiterbetrieben. Sie befindet sich mitten in einem Kaktuswald am Meer und beherbergt in extra angelegten Einzäunungen riesige Meeresschildkröten und Landleguane, wie zum Beispiel den Drusenkopf (Conolophus subcristatus). Hier untersuchen Forscher nicht nur die Entwicklung der Fauna, sondetn sie beobachten auch eventuelle durch den Tourismus verursachte Umweltschäden. Denn mit über 100 000 Besuchern im Jahr ist der Archipel mittlerweile eines der beliebtesten Ziele des Ökotourismus. Die Galapagosinseln zählen zum UNESCO-Welterbe und bilden zudem das weltweit zweitgrößte Meeresschutzgebiet nach dem Great Barrier Reef.

EINE FATA MORGANA

DER SALAR DE UYUNI IST EINE UNBELEBTE WELT, EINE WELT AUS MINERALIEN, EINE WELT AUS WEISS. ABER NICHT NUR DESHALB BIETET ER EIN EINMALIGES REISEERLEBNIS UNVERHOFFTER BEGEGNUNGEN MIT KAKTUSWÄLDERN UND FLAMINGOKOLONIEN.

Sie ist vielleicht die fremdeste aller Wüsten auf der Erde. Ein überwältigender Ort, an dem sich jegliche Koordinaten von Raum und Zeit verlieren. Ein Ort, an dem man sich leicht verirren kann. Paradoxerweise ist diese für das menschliche Überleben so vollkommen ungeeignete Salzwüste eine der beliebtesten Destinationen Boliviens: Der Salar de Uyuni ist von La Paz aus gut per Flugzeug oder ganztägiger Autoreise zu erreichen. Wenn man dort ankommt, hat man es sogleich mit extremen Bedingungen zu tun. Der Salzsee liegt 3650 Meter über dem Meeresspiegel, nachts sinken die Temperaturen auf bis zu -20 °C, die spiegelblanke Oberfläche blendet stärker als jeder Gletscher.

214-215 Ein kleiner Konvoi aus Geländewagen überquert den Salar de Uyuni während der Regenzeit. Nur gegen die ätzende Wirkung der Salze gerüstete Fahrzeuge sind für dieses Unternehmen geeignet.

215 Mit dem Rad durch den Salar. Der Salzsee besteht aus 11 Salzschichten, die etwa 2 bis 10 Meter dick sind.

EIN MINERALIENRESERVOIR

Sodium, Chlor, Bor, Potassium, Magnesium, Lithium: Die Vorkommen in der Salarwüste werden auf 10 Milliarden Tonnen geschätzt. Einen besonderen Stellenwert nimmt Lithium ein, das zur Herstellung von Batterien für Elektrogeräte verwendet wird. Die Tatsache, dass der Salar (schätzungsweise) mindestens ein Drittel des Lithium-Vorkommens weltweit ausmacht, macht die Salzwüste zu einer wichtigen Ressource für Bolivien und gleichzeitig auch zu einem prädestinierten Opfer der Industrie.

Der absolut gleichmäßige Horizont ohne jeglichen Anhaltspunkt verlangt nach einer Tour mit erfahrenen Führern. Der Salar erstreckt sich über eine Fläche von 10 000 Quadratkilometern, die einst von einem riesigen See bedeckt war. An seinem Rand ragen die großen Vulkane der Anden auf, wie zum Beispiel der Tunupa am nördlichen Ufer. 5400 Meter oxidiertes Felsgestein in allen nur möglichen Rottönen können Wanderer bis zu seinem Gipfel erklettern. Einer Legende der Quechua-Indianer nach ging aus der Verbindung zwischen Yana Pollera (dem Mutterberg) und dem Tunupa ein Sohn hervor, den jedoch ein weiterer Geliebter, nämlich der Vulkan Q'osho, für sich beanspruchte. Um das Kind vor der Auseinandersetzung zwischen den beiden zu bewahren, brachte Yana Pollera es weit fort und ließ, um es zu ernähren, das Tal mit ihrer Milch überfließen. Diese vermischte

sich mit dem Salz ihrer Tränen, und so entstand der Salar. Heute sieht er aus wie ein unendlich weiter zugefrorener See, weiß und fest in der Trockenzeit, wenn sich auf der Oberfläche gleichmäßige Sechsecke abzeichnen, und glitzernd während der Regenzeit, wenn er mit einer Wasserschicht überzogen ist, in der sich der Himmel widerspiegelt. Genau dann verwandelt sich der Salar in den größten Spiegel der Erde, und alles, vom Großen Bären bis zur Sonne, die hinter den Wolken hervorkommt, ist dann doppelt zu sehen. Bei Tagesausflügen »kostet« man den Salar zunächst, wirklich erleben kann man ihn jedoch nachts, wenn man neben dem Jeep sein Zelt aufgeschlagen hat. Das gesamte Himmelsgewölbe lässt sich bis in unendliche Weiten hin zum kleinsten Stern überblicken. Auf den Inseln im Salar de Uyuni, vor allem auf der Isla Incahuasi und der Isla del Pescado, gedeihen Kaktuswälder. Hier befinden sich auch archäologische Überreste aus der Inka-Zeit sowie der ehemaligen Siedlung Tiahuanaco. Und in den üppig mit roten Algen bewachsenen Lagunen brüten sogar drei Flamingoarten. Die rosaroten Vogelscharen auf der blendend weißen Salzfläche bieten eines der außergewöhnlichsten und unvergesslichsten Naturschauspiele der Erde.

REISETIPPS

BESTE REISEZEIT Ganzjährig, am besten im August und Oktober, nach dem Ende des südlichen Winters vor Beginn der Regenzeit.

ANREISE Die Montanstadt Uyuni, von wo aus Touren in den Salar starten, erreicht man per Bus, Flugzeug (drei Flüge pro Woche) oder mit einem Geländewagen von La Paz aus über Oruru.

REISEGEPÄCK Aufgrund der Höhenlagen und kalten Temperaturen ist Thermokleidung ein Muss, außerdem Sonnenschutzcreme mit hohem Lichtschutzfaktor, Gletscherbrille, Wanderschuhe. Bei mehrtägigen Touren mit Übernachtung im Zelt (auch dieses sollte kalten Temperaturen standhalten) oder in Pensionen (es gibt sogar ein Hotel aus Salzblöcken) empfiehlt sich ein Winterschlafsack.

SCHWIERIGKEIT Die Tour wird mit Allradgeländewagen sowie streckenweise zu Fuß zurückgelegt. Im Salar verliert man schnell die Orientierung, daher wird dringend geraten, sich an eines der zahlreichen Reisebüros in Uyuni zu wenden.

WEBSITES
www.visitbolivia.org
boliviatravelsite.com
www.palaciodesal.com.bo
www.uyunitoursbolivia.com

216 Das Wasser der Laguna Colorada am Rande des Salar de Uyuni ist durch die Algen rot gefärbt. Sie dienen den hier brütenden Flamingos als Nahrung.

217 oben Die Sonnenuntergänge am Salar sind stets doppelt zu sehen. Legenden der Inka nach liegen in der Wüste einige »Wasseraugen«, die *ojos de Salar*, kaum ausmachbare, runde Vertiefungen in der Oberfläche. Massen ahnungsloser Touristen sollen bereits von ihnen verschluckt worden sein.

217 unten Das kristallisierte Salz zeichnet im Winter ein Muster auf die Oberfläche des Salar, das sich in dessen unendlichen Weiten verliert.

DIE ATACAMA-WÜSTE – WELT DER DÜRRE

EINE MONDLANDSCHAFT AUS STEINIGEM UNTERGRUND, AUS CANYONS UND BERGSPITZEN. VON DER SONNE AUSGEDÖRRTE FLÄCHEN, DIE NACH EINEM DER SELTENEN REGENFÄLLE PLÖTZLICH ZU SPRIESSEN BEGINNEN. ABER AUCH HOCHEBENEN MIT GEYSIREN UND SALZLAGUNEN MIT SCHAREN VON FLAMINGOS, WO DIE REGIE DEM WASSER ÜBERLASSEN WIRD.

Mit gerade einmal 20 Millimetern Niederschlag pro Jahr ist sie die trockenste Wüste der Erde. Durch ihr arides Klima haben sich hier bis heute außerordentliche Gesteinsformationen erhalten, natürliche Skulpturen, die der Wind über Jahrtausende geformt hat. Die Atacama-Wüste liegt am südlichen Wendekreis, im Norden von Chile. Die

218 Etwa 75 Kilometer von Antofagasta entfernt befindet sich die *Mano del desierto*, eine Skulptur mit einer Höhe von elf Metern, die im Jahr 1992 vom chilenischen Künstler Mario Irarrázabal geschaffen wurde.

218-219 Wie aus einer anderen Welt: Sonnenaufgang in El Tatio, dem größten Geysirfeld der Erde.

REISETIPPS

BESTE REISEZEIT Ganzjährig. Die Durchschnittstemperaturen variieren im Sommer zwischen 27 °C und 16 °C. Im Winter herrschen stark schwankende Temperaturen zwischen 22 °C und 4 °C.

ANREISE Regelmäßig starten Flüge von Calama, etwa 98 Kilometer von San Pedro de Atacama entfernt, nach Santiago de Chile.

REISEGEPÄCK Leichte Baumwoll- oder Naturfaserkleidung, leichte Trekkingschuhe, Sonnenbrille.

SCHWIERIGKEIT Achtung: Höhenlagen von 4000 Metern. Der Sauerstoffgehalt ist gering, man sollte sich langsam bewegen.

WEBSITES
sanpedroatacama.com
chile.travel/it/donde-ir/norte-desierto-atacama

220 oben In der Laguna Lejía spiegelt sich der majestätische Vulkan Lascar.

220 unten Die Laguna Cejar ist ein smaragdgrünes Becken mitten in der Wüste. Durch den hohen Salzgehalt wird man hier vom Wasser getragen.

221 Ein Luftbild der Bergspitzen im Tal des Mars (auch Tal des Todes genannt).

felsige Hochebene erreicht an manchen Stellen mehr als 4000 Meter über dem Meeresspiegel und erstreckt sich über eine Fläche von 105 000 Quadratkilometern, was etwa der Größe Bulgariens entspricht. Da es hier so gut wie nie regnet, zeigt sich der Himmel über Atacama, dessen Blau gleichermaßen intensiv ist wie das Ockergelb der umliegenden Landschaft, so klar wie an kaum einem anderen Punkt der Erde. Dank ihrem sternklaren blauen Himmelsgewölbe errichtete man in der Atacama-Wüste einige der wichtigsten Sternwarten der Welt. Die Beobachtung des Nachthimmels ist ein ganz besonderes Erlebnis. Bereits mehrmals testete die US-amerikanische Aeronautik- und Raumfahrtbehörde NASA hier auch die technische Effizienz von Robotern und Raumfahrzeugen für die Landung und Forschung auf Mond und Mars. Regenfälle bilden eine Ausnahme. Nur etwa alle fünf bis sieben Jahre kommt es zum ergreifenden Naturschauspiel der blühenden Wüste, des »desierto florido«. Dann sprießen etwa 200 autochthone Pflanzenarten, von denen einige vom Aussterben bedroht sind. Millionen zarter Blütenblätter bilden bunte Blütenteppiche aus sattem Violett, Weiß und Gelb, Zartlila und Feuerrot. Mit Geländewagen kann man die außerirdisch anmutende Landschaft aus Schluchten, Steinfeldern, Sanddünen und

Salzpfannen erkunden. Ihren absoluten Höhepunkt erreicht sie etwa 15 Kilometer von San Pedro de Atacama – einer Stadt aus Lehmstein – entfernt, im Valle de la Luna, dem Tal des Mondes, inmitten von Bergspitzen und Felsen, die von Salzkristallen bedeckt sind und weiß und rosa schimmern. Noch mehr wie ein Pionier fühlt man sich, wenn man Richtung Nordosten weiterfährt. Dort befinden sich das spektakuläre Tal des Mars (Valle de Marte) und das Salzgebirge (Cordillera de la Sal). Etwa 100 Kilometer nördlich von San Pedro wird die einsame Wüste von der geothermischen Gegend um El Tatio, dem weitesten Geysirfeld der Erde, abgelöst. Unzählige Wassersäulen mit einer Temperatur von 80 Grad Celsius schießen hier mehr als 10 Meter weit in die Höhe. Auf dem Weg nach El Tatio kann man einen Stopp an den Termas de Puritama einlegen und ein Bad in den heißen Quellen genießen. Auch im Süden von San Pedro spielt die Natur mit dem Wasser. Hier befindet sich der riesige Salar de Atacama, der mit 200 Quadratkilometern Fläche größte Salzsee in Chile. Wenn das Licht durch die Salzkristalle dringt, wirkt er wie eine schillernde Wasseroberfläche.
In der Chaxa-Lagune wird man zum Birdwatcher. Tausende Flamingos überziehen die Lagune mit einem zarten Rosa.

DIE LUFTSPIEGELUNG DER MARMORHÖHLEN

ES IST EINES DER VERBLÜFFENDSTEN NATURSCHAUSPIELE PATAGONIENS: WASSER, LICHT UND EIS TAUCHEN KURIOS GEFORMTE GROTTEN IN UNTERSCHIEDLICHSTE FARBTÖNE.

Einer chilenischen Legende nach war, nachdem Gott die wunderbare Erde erschaffen hatte, noch einiges übrig geblieben: ganze Abschnitte von Flüssen und Wüsten, Gletschern und Wäldern, Überreste von Bergen und grünen Wiesen. Damit sie nicht verloren gingen, fügte er sie alle zusammen und erschuf so Chile. Der Lago General Carrera liegt, eingebettet in die südlichen Anden, 217 Meter über dem Meeresspiegel und besitzt eine Fläche von 185 Quadratkilometern. Dort, wo seine drei Arme aufeinandertreffen, befinden sich die Marmorhöhlen, eine der wohl kuriosesten

222 Der spektakuläre Eingang in die sogenannte »Marmorkathedrale«. Die Höhle ist heute durch Pläne für Neubauten am See stark gefährdet.

222-223 Der Fuß der Klippe, die an den aufeinandertreffenden Armen des Carrera liegt, ist nicht weit vom Ufer entfernt und bequem mit dem Kajak zu erreichen.

REISETIPPS

BESTE REISEZEIT Im chilenischen Herbst (von März bis Juni), denn dann ist der Wasserspiegel niedrig und lässt das warme Licht durch, das so bei Sonnenauf- und Sonnenuntergang in die Grotte dringen kann. Im Sommer (Dezember bis Februar) gibt es hochwasserbedingt kein solches Schauspiel. Dafür sind die Grotten dann komplett lichtdurchflutet.

ANREISE Zunächst mit dem Flugzeug von Santiago nach Balmaceda. Von dort nimmt man die etwa 300 Kilometer lange Schotterstraße Carretera Austral bis nach Puerto Río Tranquilo, von wo aus Boote zur Marmorgrotte starten.

REISEGEPÄCK Auch im Sommer kann es kalt werden, mit Tiefstwerten um die 7 °C; Windjacke, Batterien, Kopfbedeckung, Handschuhe, Trekkingshuhe, Sonnenbrille und Sonnenschutzcreme nicht vergessen.

SCHWIERIGKEIT Für jeden geeignet.

WEBSITES marmolexpediciones.cl, chile.travel, news.southamerica.travel

224-225 Besonders faszinierend sind die Marmorhöhlen, das Eingangstor ins Innere der Erde, wenn der Wasserspiegel den niedrigsten Stand erreicht. Der See wird vom Schmelzwasser der Gletscher gespeist.

225 Das Schauspiel geht unter Wasser weiter. Es ist kristallklar, sodass auch tief liegende Felsformationen bewundert werden können.

Gesteinsformationen der Erde. Auf der Bootstour mit maximal 10 Personen an Bord kommt zunächst eine Klippe in Sicht, ein Monolith, der von Wasser und Eis so geformt wurde, dass er aussieht wie ein riesiger Pilz. Er ist nur eine Kostprobe der wundervollen Anblicke, denen man entgegenfährt, wenn das Boot (für das Höhleninnere eignet sich am besten ein Kajak) in die Grotten gleitet, wo über mehrere Tausend Jahre durch Erosion wahrhaftige Meisterwerke in das Gestein gemeißelt wurden. Innerhalb von 6000 Jahren haben die Wellen des Anden-Sees ein Gebilde aus Gängen und Höhlen mit geschwungenen Wänden gegraben, getragen von spiralförmigen Säulen wie aus Dekorzucker. Höhlen, in die das Sonnenlicht dringt und die Marmorfelsen in ein Kaleidoskop verwandelt. An den Wänden zeichnen sich hellblaue und türkise Streifen ab, grüne Farbtöne mischen sich mit weißen, gelblichen und himmelblauen Nuancen. Die Farben verändern sich im Lauf des Jahres je nach Wasserspiegel. Der See wird von einem Gletscher gespeist, die Gletschermasse verleiht dem Marmor die Vielfalt an Blautönen, die unter allen Farben dominiert. Während sich durch die Sonnenstrahlen je nach Jahreszeit die Muster in den Felsen und das Spiel von Licht und Schatten verändern, sorgt der Wasserpegel an den Wänden für ein stärkeres oder schwächeres Blau, das helle Blau erscheint immer dunkler. Wenn das Boot in die beiden bekanntesten Grotten, die »Marmorkapelle« und die »Marmorkathedrale«, gleitet, fühlt man sich wie im Märchen: Durch das kristallklare Wasser lassen sich in der Tiefe noch weitere – nicht minder zauberhafte – blaue und grüne Felsformationen erkennen.

ABENTEUER AUF DEM EIS AM ENDE DER WELT

STÄNDIGE BEWEGUNG, GIGANTISCHE EISSPITZEN UND BLENDENDE FARBEN SIND DIE BEKANNTEN GESICHTER DES PERITO MORENO. DEN ERHABENEN GLETSCHER IM HERZEN DER PATAGONISCHEN ANDEN KANN MAN IN ALLER RUHE BEWUNDERN, ENTWEDER MIT STEIGEISEN ODER VON DEN GESICHERTEN UFERN DES LAGO ARGENTINO AUS.

226-227 Der Perito Moreno ist Teil des zwischen Chile und Argentinien gelegenen kontinentalen Gletschergebiets Campo de Hielo.

227 Die Gletscherfront ist vier Kilometer breit und erstreckt sich über 52 Kilometer entlang des Lago Argentino. Sie formt einen wahrhaftigen Staudamm zwischen den beiden Nebenarmen des Sees, der den Wasserpegel des Brazo Rico im Vergleich zum gewöhnlichen Stand über 30 Meter ansteigen lässt.

REISETIPPS

BESTE REISEZEIT Auf der Südhalbkugel dauert der Sommer von Dezember bis März; Januar sollte man meiden, denn ferienbedingt ist dies der am meisten besuchte und teuerste Monat.

ANREISE El Calafate wird von einem internationalen Flughafen angeflogen. Täglich gibt es von Buenos Aires aus etwa dreistündige Flüge. Vor Ort erreicht man den Lago Argentino innerhalb von etwa 1,5 Stunden über die Landstraße 15, oder man nutzt die Linienbusse.

REISEGEPÄCK Auch während des Sommers können hier kühle Temperaturen mit viel Wind und Regenschauern herrschen. Wasserabweisende Thermokleidung und Trekkingschuhe sind unerlässlich. Wer das Eis betreten möchte, benötigt massive, steigeisenfeste Bergschuhe. Die Steigeisen bekommt man, zusammen mit Eispickeln, von den Tourguides.

SCHWIERIGKEIT Für jeden geeignet. Die ausgeschilderten Rundtouren auf dem Eis können auch ohne alpine Erfahrung unternommen werden; die Laufstege sind eben und gut gesichert.

WEBSITES
www.argentina.it
www.patagonia-argentina.com
www.hieloyaventura.com
glaciarium.com

Zum Teil noch immer unerforscht, gepeitscht von den patagonischen Winden, umgeben vom unberechenbaren Klima Ozeaniens: Der Campo de Hielo Sur ist eines der größten Gletschergebiete der Erde und eine der letzten wahren Wildnisse der Welt, der Traum aller Alpinisten und Reisebegeisterten. Das Südliche Patagonische Eisfeld bedeckt 17 000 Quadratkilometer und besteht aus 49 Gletschern. Es grenzt an legendäre Berge wie den Cerro Torre, den Fitz Roy, die Torres del Paine und an einige Nationalparks, darunter der Los Glaciares, der seit 1981 zum UNESCO-Welterbe zählt. Hier fließt der bekannteste und meistfotografierte Gletscher: der Perito Moreno. Nach 30 Kilometern mündet er in den südlichsten Nebenarm des Lago Argentino, den er durch einen gewaltigen Eisdamm aus Séracs zweiteilt.

228 Die Trekkingtour auf dem Perito Moreno führt an kleinen Lagunen, tiefen Gletscherspalten, Eisformationen, Bächen und Furchen entlang.

229 oben Vom Boot aus lassen sich die erhabenen Eiswände am besten betrachten.

229 unten Die Aussichtspunkte entlang der Holzlaufstege sind besonders beliebt.

230 Der Perito Moreno ist ein großer Süßwasserspeicher. Von oben sieht er aus wie eine Eiszunge. Sie bewegt sich mit einer Geschwindigkeit von 700 Metern pro Jahr.

231 Durch den Druck des Sees kommt es zu starken Abspaltungen, dem sogenannten *ice calving*, dem sogenannten Kalben des Gletschers, entlang des Eiswalls. Nach einem lauten Donnergrollen können durch die Eisblöcke gefährliche Wellen ausgelöst werden. Schiffe müssen daher einen bestimmten Sicherheitsabstand einhalten.

Benannt nach dem Forscher und Anthropologen Francisco Moreno, der den See Ende des 18. Jahrhunderts als Erster entdeckt hatte (ohne jedoch bis zum Eis vorzudringen), ist der gut erreichbare Gletscher heute ein einzigartiges Reiseziel.
Die Sérac-Mauer aus Türmen und Eisspitzen schimmert in hellem Blau und bildet einen eindrucksvollen Kontrast zu den dunklen Farben des Wassers und dem intensiven Grün der Wälder, die den See umgeben. Und an langen Sommertagen gibt die stetig vorankommende Eisfront ein wahres Schauspiel zum Besten, das Besucher eifrig mit ihren Kameras festzuhalten versuchen: Kleinere und größere Eisreste, aber auch ganze Eisbrocken von teils bis zu 60 Metern Höhe lösen sich von der Sérac-Masse und stürzen mit einem lauten Donnern ins Wasser. Manche Eisschollen treiben dann, ausgehöhlt zu spektakulären Formen, im See wie kleine Eisberge. Die Show kommt zu ihrem Höhepunkt, wenn die durch den Wasserdruck in den Eisdamm gegrabene Höhle unter der Last des Wassers einbricht. Dies geschieht in der sogenannten *zona de ruptura*, der Einbruchzone zwischen dem Lago Argentino und dessen Seitenarm Brazo Rico. Das gesamte Gewölbe stürzt regelmäßig ein und verbindet so erneut die beiden Seiten des Sees.
Der Perito Moreno ist einer der lebendigsten Gletscher der Welt. Allem Anschein nach von den Folgen der globalen Erderwärmung unberührt (auch wenn Glaziologen über die letzten Jahre einen gewissen Schwund feststellten), bewegt er sich täglich etwa zwei Meter voran, was durch ein ständiges Knacken an der Oberfläche hörbar ist. Sobald er einstürzt, fällt er ebenso weit wieder zurück. Das Spektakel für die 100 000 Ausflügler, die sich täglich an das Flussufer wagen, ist garantiert. Vom etwa 78 Kilometer entfernten Ort El Calafate erreicht man den

See schnell per Auto oder Bus (auch von der Halbinsel Magallanes aus, wo die Straße endet). Von hier machen sich die Abenteuerlustigen auf den Weg durch den Wald und gelangen direkt zur Gletscherzunge. Durchzogen von Spalten, Rissen, Graten und Eisspitzen, die in das bläuliche Eis gemeißelt scheinen, bietet sie einen einzigartigen Anblick, den man bei anderen europäischen Gletschern, die stark unter der globalen Erderwärmung leiden, so nicht mehr erleben kann. In Begleitung von Gletscherführern und ausgerüstet mit Steigeisen, sind zwei Rundtouren (1,5 Stunden oder 3,5 Stunden) über die unruhige Eisfläche des Perito Moreno möglich, bei denen man dem Knacksen des Eises lauscht, das sich unmerklich fortbewegt wie ein langsamer Fluss, und die tosenden Wasserströme hört, die tief unten am Grund der Gletscherspalte aufeinandertreffen.

Um das Schauspiels des Kalbens mitzuerleben, wenn die Séracs von der Gletscherfront in den See donnern, folgt man vom Parkplatz aus den beschilderten Laufstegen aus Holz und Metall, die mit unterschiedlichen Farben gekennzeichnet sind und zu den verschiedenen Aussichtspunkten führen. Sie befinden sich alle relativ nah am Geschehen, bewahren jedoch genügend Sicherheitsabstand zur einstürzenden Gletscherfront (aufgrund von Unfällen in der Vergangenheit ist es nicht erlaubt, näher an den Eiswall heranzutreten). Vor einer grandiosen Kulisse (die schneebedeckten Anden, der See, der Perito Moreno, der Eissplitter und große Wasserspritzer in die Luft jagt) sind die Geräusche die Hauptdarsteller dieses Naturerlebnisses: das brechende Eis und der Wind.

Die Stege kann man binnen drei Stunden ablaufen, für den Ausflug ist ein halber Tag also ausreichend.

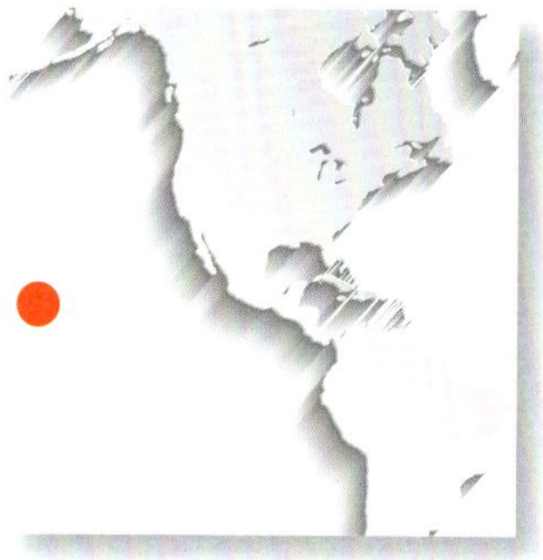

BIG ISLAND: FEUER UND BLUMENKRÄNZE

AUF VULKANTOUR ENTLANG DER CHAIN OF CRATERS ROAD: AUF EINEM ERSTARRTEN LAVASTROM LAUFEN, ÜBER EINEN FEUERSPEIENDEN SCHLUND SCHWEBEN, BEOBACHTEN, WIE SICH EIN ROTER FLUSS IN DEN OZEAN ERGIESST. ALL DAS MITTEN IM PAZIFIK.

Das mehr als 4000 Kilometer von der amerikanischen Westküste entfernte, mitten im Blau des Pazifiks gelegene Hawaii ist seit jeher eine Welt für sich. Von den 150 Inseln, die sich aus dem Ozean erheben, sind nur sieben bewohnt. Die ältesten Inseln liegen im äußersten Nordosten der Inselkette und bestehen aufgrund der Erosion des Meeres mittlerweile nur noch aus einfachen Korallenatollen. Die andere Seite des Archipels besteht aus großen Inseln mit hohen Bergen und einer ausgeprägten Vulkanaktivität. Am dichtesten besiedelt ist die Insel Oahu, auf der etwa 80 Prozent der Gesamtbevölkerung Hawaiis lebt. Hier befinden sich auch die Hauptstadt Honolulu sowie Pearl Harbour. Die größte Insel ist Hawaii, daher auch Big Island genannt. Ihre Oberfläche nimmt mehr als die Hälfte des gesamten Archipels ein und wird von den Zwillingsvulkanen dominiert, die beide über 4000 Meter hoch aufragen. Sie zeichnen die Landschaft der Insel und

232 Lava tritt aus dem Pu'u ,O'o aus, einem der zahlreichen Vulkankegel des seit 1983 aktiven Kilauea.

233 Ausbruch des Kilauea. Aufgrund der andauernden Ausbrüche dieses Vulkans wächst Big Island, die größte Insel des hawaiianischen Archipels, jährlich um 17 Hektar an.

234 Hawaiianischen Mythen nach wohnt die Göttin Pele, die Wächterin des Feuers und des Vulkans, in dem glühenden Magma. Die Göttin erscheint entweder als wunderschöne junge oder als sehr alte Frau und ist immer auf der Suche nach einer Wohnstätte im Feuer.

235 Magma wird in den Pazifischen Ozean geschleudert. Der Strand von Punaluu an der Südküste von Big Island entstand durch die ständige gemeinsame Aktivität von Vulkanen und Pazifik. Deshalb glänzt der Sand hier schwarz.

REISETIPPS

BESTE REISEZEIT Das ganze Jahr über herrschen heiße Temperaturen von 24 °C bis 29 °C. Am meisten Regen fällt zwischen Oktober und November.

ANREISE Per Flugzeug von der amerikanischen Westküste aus. Es gibt regelmäßig Flüge von Los Angeles, San Francisco oder Seattle. Die Flugzeit beträgt fünf Stunden.

REISEGEPÄCK Sportliche Sommer- und Badekleidung, feste Schuhe mit griffigem Profil, Daunen- und Fleecejacke für den Gipfel.

SCHWIERIGKEIT Für jeden geeignet, vor allem für Unerschrockene, die gut zu Fuß sind. Stets die Hinweise der Vulkanführer und Ranger beachten!

WEBSITES www.gohawaii.com, www.govisithawaii.com, www.hawaii.com/travel/visitor-info

regulieren ihr Klima. Sie reichen bis 5800 Meter tief unter die Wasseroberfläche des Pazifischen Ozeans. Der Meeresgrund ist also unendlich tief, hier gibt es keine Korallenriffe, aber hohe Wellen. Aufgrund seiner stets aktiven Vulkane ist Big Island einer der geeignetsten Orte der Welt, um sich in die Nähe von frischer oder erstarrter Lava zu begeben. Zunächst kann man sich vom Helikopter aus ein Bild von der Landschaft machen. An den zahlreichen Landeplätzen werden ständig Panoramaflüge angeboten, deren

236 Der Kilauea ist der einzige Vulkan der Erde, dessen Gipfel mit dem Auto erreichbar ist. Auf Pfaden von insgesamt 240 Kilometern kann man ihn erkunden.

237 Die in den Pazifik fließende Lava erzeugt ungeheure Dampfwolken. Manchmal ist die Lava viel heißer als sonst. Sobald sie dann mit dem kalten Wasser des Pazifischen Ozeans in Kontakt kommt, können so starke Dampfexplosionen entstehen, dass Geröll und Gestein Hunderte Meter weit geschleudert werden.

Routen je nach Aktivität der einzelnen Vulkane variieren. Man kann explosionsartige Eruptionen mit Lavafontänen beobachten, oder auch rote Flüsse in Richtung Meer verfolgen. Beeindruckend sind die sogenannten *Skylights*, wahrhaftig offene Gucklöcher in der festen Kruste eines Lavastroms. Sie geben den Blick auf die glühende Lava frei, die im Inneren einer unterirdischen Lavaröhre fließt.

Eindrucksvoll ist es auch, die Lava vom Meer aus zu beobachten. Über spezielle Veranstalter (sich in der Nähe von Magma aufzuhalten ist nicht ungefährlich, daher sollte man sich immer an erfahrene Vulkanführer halten) wird man mit robusten Booten in die Gegend gebracht, wo die Aktivität am höchsten ist. Das Naturschauspiel ist atemberaubend, die Natur lässt ihre Muskeln spielen. Sobald die Lavaflüsse mit dem Wasser in Berührung kommen, explodieren sie zwischen den Wellen und lassen riesige Dampfsäulen aufsteigen. Sowohl für Touren mit dem Helikopter als auch mit dem Boot gilt die Regel des Sonnenuntergangs: Je schwächer das Tageslicht, umso intensiver leuchtet das Rot der Lava.

Intensive Begegnungen mit dem Hauptelement der Insel ergeben sich mit dem Auto oder zu Fuß. Die Panoramastraßen auf Hawaii zählen zu den schönsten der Welt und ermöglichen die Erkundung der Küsten sowie die Erforschung des Landesinneren gleichermaßen. Im Norden von Kailua erstreckt sich über etwa 50 Kilometer die Kohala-Küste. Er ist trocken und von riesigen schwarzen Lavaströmen durchzogen. Der Kona-Küste im Süden von Kailua zeigt sich dagegen ganz anders. Die Straße schlängelt sich durch Palmen, entlang winziger Buchten und vorbei an bebauten Feldern. Nur wenige Kilometer trennen Kailua von der Kealakekua Bay. Außer schwarzem Sand befindet sich hier das

Denkmal, das man einst Thomas Cook widmete. Der berühmte Seefahrer wurde am 14. Februar 1779 auf seiner zweiten Hawaii-Exkursion hier an der Küste ermordet. Nicht weit entfernt befindet sich der Puuhonua O Honaunau National Historical Park, der auch als *Place of Refuge* bekannt ist, ein heiliger und äußerst eindrucksvoller Ort. Weiter fährt man durch eine sehr fruchtbare Region mit zahlreichen Kaffee- und Macadamianussplantagen (die Nuss ist auf den Inseln endemisch und schmeckt vorzüglich). An der südlichen Spitze der Insel liegt der Punaluu Black Sand Beach Park, ein wunderschöner Strand aus schwarzem Lavagestein. Er ist von Palmen gesäumt, dahinter verläuft eine kleine Lagune. Der schwarze Sand entsteht, wenn rote Lava beim Kontakt mit dem Wasser des Ozeans explodiert. Durch Erosion werden diese Strände schnell (nach geologischer Zeitrechnung) zerstört. Bisher ist der Punaluu Black Sandy Beach in einwandfreiem Zustand. Der Kontrast zwischen dem schwarzen Gestein, dem türkisblauen Wasser und den grünen Palmen ist ein unvergleichlicher Anblick.

Von hier steigt der Highway 11 an bis ins Reich der Göttin Pele, deren Stätte sich oben auf dem Vulkan befindet. Man gelangt in den Hawaii Volcanoes National Park, wo die Chain of Craters Road beginnt. Sie gilt als eine der schönsten Straßen der Welt. Die Strecke ist wundervoll. Man fährt von Krater zu Krater, von einem Lavastrom zum nächsten, oft befindet man sich so nahe an dem glühenden Magma, dass man es mit einem Stock berühren kann. Für den Hawaii Volcanoes National Park sollte man mindestens zwei Tage einplanen und einen Stopp an den Thurston Lava Tubes einlegen. Hier kann man im Inneren eines alten Lavastroms spazierengehen, der durch seinen Fluss mehrere Tunnel geschaffen hat.

DURCH BUNTE WÄLDER STREIFEN

IM REGENWALD AUF MAUI, INMITTEN DES PAZIFISCHEN OZEANS, WACHSEN HOHE BÄUME, DIE MIT IHRER BUNTEN RINDE EINEN WAHREN REGENBOGENWALD BILDEN.

Es gibt einen Baum, der das ganze Jahr über täglich sein Kleid wechselt und sich alle nur möglichen zauberhaften Farben überstreift: Es ist der *Eucalyptus deglupta,* die einzige Eukalyptusart, die auf der Nordhalbkugel wild wächst. Auf Maui, der am üppigsten bewachsenen Insel von Hawaii, wird er auch *Rainbow Eucalyptus,* Regenbogenbaum, genannt; kleine Wälder, Baumreihen oder auch einzelne Exemplare, meist von kolossaler Größe (die Bäume können eine Höhe von bis zu 70 Metern, der Baumstamm einen Durchmesser von bis zu zwei Metern erreichen), sind hier eine Touristenattraktion und ein beliebtes Ziel für einfache Trekking-Touren durch den Regenwald. Sobald man zwischen Hibiskus, hohem Farnkraut und Bambuswäldern auf einen solchen Baum trifft, muss man einfach stehen bleiben, um ihn zu bestaunen und zu fotografieren. Jedoch sind es nicht etwa seine Wipfel, die eine so fesselnde Wirkung ausüben, sondern seine Rinde: Die Rinde der Regenbogenbäume löst sich regelmäßig in langen dünnen Streifen ab. Darunter kommt glänzend grünes Holz zum Vorschein. Durch Oxidation ändert das Holz seine Farbe und färbt sich allmählich blau, purpurrot, orange und braun: Der ganze Stamm ist verziert mit leuchtenden, ständig variierenden Mustern. Am besten

238 Wenn die bunte Baumrinde des *Eucalyptus deglupta* sich streifenweise ablöst, kommt das nackte Holz zum Vorschein, das sich mit der Zeit von leuchtend grün über orange bis blau und violett färbt.

239 Ein Tropenfalter tarnt sich auf der Rinde.

REISETIPPS

BESTE REISEZEIT Auf Hawaii herrscht tropisches Klima mit Temperaturen zwischen 19 °C und 31 °C Am heißesten und trockensten ist es zwischen Dezember und März; die den Passatwinden ausgesetzte Ostküste ist generell etwas kühler und regnerischer.

ANREISE Vom Flughafen in Kahului gibt es täglich Flüge auf die übrigen Inseln des Archipels und in die größten amerikanischen Städte. Die Flugzeit von Honolulu beträgt etwa 45 Minuten.

REISEGEPÄCK Für die Spaziergänge durch den Regenwald benötigt man leichte und atmungsaktive Kleidung, Trekkingschuhe und, in der Gegend um Hana, ein Mückenspray. Wer in die Wasserfälle springen will, sollte seine Badekleidung nicht vergessen.

SCHWIERIGKEIT Einfache Ausflüge, ohne große Höhenunterschiede oder Orientierungsschwierigkeiten. Um die bunten Wälder und die schönsten Wasserfälle schneller zu finden, empfiehlt sich ein Tourguide. Oft werden die Touren im Park auch von den jeweiligen Hotels organisiert.

WEBSITES haleakalaranch.com, www.gohawaii.com

lassen sich die unterschiedlichen Farben nach vorangegangenen Regenfällen bewundern (und im Regenwald ist dies häufig der Fall). Dann strahlt das Kleid des *Eucalyptus deglupta* ganz besonders und verströmt einen intensiven ätherischen Duft. Die Eukalyptusbäume können an mehreren Orten auf Maui bewundert werden, einer von ihnen ist die Haleakala Ranch, eine der ältesten und größten auf Hawaii. Sie befindet sich an der Crater Road (State Highway 378) in Richtung des Haleakala National Parks. Die auf 1300 Meter gelegene Ranch war der erste Ort, an den man einen solchen Regenbogenbaum Anfang des 19. Jahrhunderts von den Philippinen verpflanzte: Sein schnell wachsendes Holz (diese Bäume wachsen im Jahr durchaus um fünf Meter) sollte der Rohrzucker-Industrie als Brennstoff dienen. Heute stehen die Bäume in den kleinen Wäldern rund um den landwirtschaftlichen Betrieb. Die Farben sind bereits von Weitem erkennbar. Vom Besucherzentrum aus startet man in ein lustiges Öko-Abenteuer. Der Streifzug durch die Eukalyptuswälder wird teils zu Fuß, teils über »Ziplines« (Seilrutschen, an denen man angegurtet entlangschwingt) zurückgelegt. Durch die Bewegung der Seilrutschen verwandeln sich die bunt bemalten Baumrinden in mehrfarbige Linien, die vor den Augen immer schneller zu tanzen beginnen. Noch einfacher gestaltet sich ein Besuch des bunten Waldes an der Ostküste von Maui. Er liegt am Hana Highway, einer eindrucksvollen Straße von zehn Kilometern Länge.

240-241 Ein Eukalyptusbaum ragt zwischen den Philodendren in die Höhe. Die Bäume sind auf Hawaii ursprünglich nicht beheimatet: Sie wurden importiert und werden unter anderem in der Papierherstellung verarbeitet.

241 Regenbogen-Eukalyptusbäume entlang des Hana Highway an der Ostküste von Maui. Diese Bäume sind die einzigen ihrer Art, die hier auf der Nordhalbkugel wild gedeihen.

POLYNESIEN

MIT DEM SEGELBOOT AUF DIE MARQUESAS

DER ABGELEGENSTE UND WILDESTE ARCHIPEL POLYNESIENS IST EIN LEGENDÄRES REISEZIEL FÜR SKIPPER. DER HORIZONT IST VON VULKANEN GEZEICHNET, UND IN DEN BUCHTEN LIEGT DER ZARTE DUFT VON FRANGIPANI-BLÜTEN.

Berge und Basaltspitzen ragen vor dem Bug kerzengerade in die Wolken. Es sind die Marquesas-Inseln, die abgelegenste Inselgruppe im Pazifischen Ozean. Sie besteht aus zwölf Eilanden, von denen nur die Hälfte bewohnt ist. Die einst aus Vulkanen entstandenen Inseln wirken wie Punkte im Meer und liegen entlang einer etwa 300 Kilometer langen Linie nordöstlich von Tahiti, auf der langen Route in Richtung Hawaii. Es sind raue Landschaften, ungastlich durch die unmittelbare Lage am Äquator mit glühend heißen Temperaturen, meilenweit entfernt von der Vorstellung

242-243 Die vertikale Form der Steilhänge von Fatu Hiva rührt vom vulkanischen Ursprung der Insel her.

243 Spitz ragen die Vulkangipfel aus der Insel Ua Pou auf. Die Marquesas-Gruppe ist von einer dramatischen Landschaft gekennzeichnet, rau und zerfurcht und jenseits unserer Vorstellung von Polynesien als Badeinsel.

Polynesiens in unseren Köpfen: Lagunen oder Korallenriffe gibt es hier nicht. Legendär ist dieser Ort vor allem für Segler, die hier – nach den flachen Atollen im Tuamotu-Archipel und der Monotonie der Tage auf offener See – endlich beobachten können, wie der blaue Horizont sich schwarz, ockerfarben und grün färbt. Das Schwarz der Vulkane. Das Ockergelb der Sandstrände. Das Grün eines dichten Regenwaldes, das an vielen Stellen von Wasserfällen durchdrungen ist, wie auch auf Nuku Hiva. Der erste Halt ist Hiva Oa. Der Anker wird in der Bucht von Atuona, die vom 1213 Meter hohen Vulkan Temetiu dominiert wird, ausgeworfen. Sie ist die Insel der *recherche sauvage*, der letzten Landung Paul Gauguins, der hier an Land ging, um »in die jungfräuliche Natur einzutauchen und das Leben der Wilden zu leben«. Der Dichter liegt im Schatten von Frangipani-Bäumen auf dem kleinen Friedhofshügel begraben, von dem aus man einen fantastischen Blick auf die Bucht von Atuona genießt. Segelt man weiter gen Norden, so gleitet man an der ariden Insel Ua Huka vorbei, auf deren Klippen Millionen Küstenseeschwalben nisten, die auch Rußseeschwalben (*Onychoprion fuscatus*) genannt werden.

Die Hauptinsel Nuku Hiva befindet sich noch weiter nördlich. Ein sicherer Anlegeplatz ist die Bucht von Taioha'e, die von Bergspitzen in allen möglichen bizzaren Formen umgeben ist. Dicht bewachsen, scheinen sie Wächter der Meere. Dahinter, im Taipivai-Tal, lebte im Jahr 1842 einen Monat lang Herman Melville. Hier spielt die Handlung seines Romans *Taipi*. Sie erzählt von Kannibalen, die Menschen als Opfer darbrachten und

REISETIPPS

BESTE REISEZEIT Trockenzeit von November bis April, dann ist es weniger schwül. Die Regenfälle zwischen Mai und Oktober ergießen sich nicht schauerartig und machen das drückende Klima so noch feuchter.

ANREISE Entweder per Segelboot – die Marquesas-Gruppe liegt 1500 Kilometer nordöstlich von Tahiti und 4000 Kilometer südlich von Honolulu – oder per Flugzeug von Papeete nach Nuku und Hiva Oa.

REISEGEPÄCK Kurze Hosen, T-Shirts, Sandalen, Trekkingschuhe, Sonnenbrille, Kopfbedeckung mit Insektennetz, Badekleidung, spezielles Insektenschutzspray für den Dschungel.

SCHWIERIGKEIT Für jeden geeignet, man sollte auf das herausfordernde Klima vorbereitet sein.

WEBSITES
tahititourisme.it
www.viaggilevi.com
www.guida-polinesia.com

die bekannten Tiki, anthropomorphe Figuren von Göttern und Vorfahren, schnitzten. Zu solchen Skulpturen aus Holz oder Stein, errichtet auf Megalith-Platten, gelangt man über Wanderwege durch den Nebel des feuchten Dschungels.

244 Zwei Tiki wachen in der Bucht von Hatiheu entlang der Nordostküste von Nuku Hiva.

245 oben Im Naturpool des Vaiea-Wasserfalls auf Ua Pou kann man sich in Ruhe erfrischen.

245 Mitte Die Insel Nuku Hiva von oben betrachtet. Sie ist die größte des Archipels.

245 unten Fatu Hiva wurde 1595 vom spanischen Naturforscher Alvaro de Mendana entdeckt.

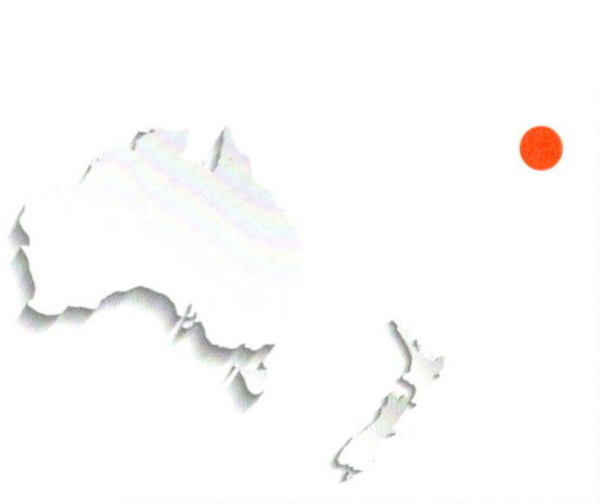

TONGA

MIT WALEN SCHWIMMEN

ZUR PAARUNGSZEIT KOMMEN BUCKELWALE IN DIE WARMEN MEERE DES POLYNESISCHEN ARCHIPELS AM ÄQUATOR. HIER BEFINDET SICH EINER DER WENIGEN ORTE, WO MAN SICH IN DIESELBEN FLUTEN BEGIBT WIE DIE WALE, DIE ZU DEN GRÖSSTEN TIEREN DER WELT ZÄHLEN.

Das Echolot überträgt Geheul, Gezeter und Gewinsel. Der Gesang der Buckelwale dringt durch das Mikrofon im Wasser an die Wasseroberfläche. Die Laute dauern über Stunden an, sie werden nur durch kurze Atempausen unterbrochen. Laut Ethologen werden sie vor allem von den Männchen ausgestoßen, um Weibchen anzulocken. Sicher ist, dass Buckelwale sich über den Gesang mit ihren Artgenossen verständigen und so, ungewollt, auch mit dem Menschen kommunizieren. Durch das Echolot kann

246-247 und 247 Ein Buckelwalkalb sucht bei seiner Mutter Schutz, zunächst um zu rasten, und dann, um einigen Männchen zu entkommen. Zwischen dem Jungen und der Mutter besteht eine enge Verbindung. Sie bleiben das erste Lebensjahr zusammen und kommunizieren über nicht wahrnehmbare Flüsterlaute.

248 Ein Taucher begibt sich in die Tiefen, um einen Buckelwal zu filmen. Tonga ist einer der wenigen Staaten, in denen das Schwimmen mit Walen gesetzlich erlaubt ist. Die besten Orte dafür sind die Inselgruppen Ha'Hapai und Vava'u.

248-249 Majestätisch schwimmt ein Weibchen unter Beobachtung eines Männchens mit ihrem Jungen. Weibliche Buckelwale unterscheiden sich von den männlichen Tieren durch ihr Gewicht (sie sind größer und wiegen bis zu 25 oder 30 Tonnen) sowie durch ihren weißen Bauch und ihre weißen Flossen.

REISETIPPS

BESTE REISEZEIT Am besten kann man die Wale zwischen Juli und Oktober beobachten.

ANREISE Von Tonga aus starten täglich Flüge nach Auckland und Sydney. Für die Beobachtung der Buckelwale muss man von der Hauptinsel Tongatapu zu einem der nördlichen Archipele, Ha'apai oder Vava'u, übersetzen.

REISEGEPÄCK Leichte Sportbekleidung, kurze Hosen, Trägershirts, Sandalen, Sonnenbrille, Kopfbedeckung, Badekleidung, Taucherbrille und Flossen. Tauchausrüstung kann vor Ort geliehen werden.

SCHWIERIGKEIT Die hohen Temperaturen sind nicht zu unterschätzen.

WEBSITES www.tongaturismo.info/whale.htm
www.tongaholiday.com/things-to-do/whale-watching

beispielsweise die Position der Wale bestimmt werden. So insbesondere auch auf Tonga, im zentralen Archipel von Ha'apai, einer Welt aus flachen sandigen Inseln, die von Korallenriffen und türkisblauem Meeresgrund umgeben ist. Der Inselstaat ist eines der wenigen Länder, wo es gesetzlich erlaubt ist, mit Walen zu schwimmen. So findet man sich plötzlich verzaubert vom Gesang der Buckelwale im Wasser wieder, inmitten unzähliger blauer Farbtöne, durchbrochen von Sonnenstrahlen, die sich in die Tiefen des Ozeans zu stürzen scheinen. Das Warten lohnt sich.

Der Buckelwal taucht ganz plötzlich auf, die Anwesenheit des Menschen kümmert ihn kein bisschen. Er erkundet die Gegend. Kurz schießt der gigantische Kopf aus den Wellen, um dann unter ohrenbetäubendem Donnern wieder im aufspritzenden Wasser zu verschwinden. Es ist ein Weibchen, gefolgt von ihrem Kalb. Eine Minute lang schwimmt die Walkuh dicht unter der Wasseroberfläche. Dann verschwindet sie in der Tiefe, um ein paar Minuten später wiederaufzutauchen, als würde sie, ungeachtet ihrer Körpermasse, mit den Menschen um sie herum Verstecken spielen. Respektvolles Verhalten gegenüber diesen Meeresgiganten ist dringend notwendig: Man darf, mit höchster Vorsicht, maximal 100 Meter an sie heranschwimmen und muss sich beim geringsten Anzeichen von Unruhe entfernen. Buckelwale (*Megaptera novaeangliae*) besitzen einen ausgeprägten Höcker auf ihrem schiefergrauen Rücken, daher auch ihr Name. Die Wasserfontäne beim Ausatmen kann bis zu drei Meter hoch spritzen. Die Länge der Wale beträgt zwischen 12 und 17 Metern bei 40 Tonnen Maximalgewicht. Walkühe sind generell länger als ihre männlichen Artgenossen. Sie sind begnadete Schwimmerinnen, ihre gewaltige Fluke dient ihnen, zusammen mit den Brustflossen, deren Länge bis zu einem Drittel der Körpergröße ausmachen kann, als Triebwerk. Sie verbringen den südlichen Sommer (von Dezember bis März) in der eisigen und planktonreichen Antarktis. Dann, während des südlichen Winters (Juni bis März), ziehen sie weiter zu den Meeren am Äquator, um in diesen tropisch warmen Gewässern feierlich die Balz zu vollziehen.

DIE RIBBON REEFS – EIN PARADIES FÜR TAUCHER

KLARES UND STRAHLEND TÜRKISBLAUES WASSER, IN DEM DER MENSCH NUR SELTEN ZUGEGEN IST. DAFÜR ZIEHEN DUTZENDE AUTOCHTHONE SPEZIES IHRE KREISE UND LASSEN SICH FOTOGRAFIEREN. HIER IST DAS MEER IN SEINER URSPRÜNGLICHSTEN FORM ZU FINDEN.

250-251 Das Great Barrier Reef vor der Küste von Queensland erstreckt sich über eine Länge von 340 000 Quadratkilometern und ist selbst vom Weltraum aus erkennbar.

251 Ein unberührter Strand zieht sich an der Nordküste von Lizard Island entlang. Ihren Namen (deutsch »Eidechse«) erhielt die Insel von James Cook im Jahr 1770. Als er hier anlegte, dachte er zunächst, die Insel sei von einer einzigen Art von Landwirbeltieren, nämlich von Eidechsen, bewohnt.

REISETIPPS

BESTE REISEZEIT Das tropische Klima lädt zu jeder Jahreszeit zum Tauchen ein. Die Wassertemperatur variiert zwischen 22 °C im Winter und 29 °C im Sommer. Gute Sicht herrscht das ganze Jahr über, besonders aber von September bis November. Am besten geeignet für Tauchgänge sind die Wintermonate (Juni bis August), die Nebensaison im Sommer ist feuchter, heißer und um einiges regnerischer.

ANREISE Am einfachsten vom internationalen Flughafen Cairns aus, der täglich von Brisbane, Sydney und Melbourne aus angeflogen wird. Von Cairns und Port Douglas starten Tagesausflüge zum Inner Great Barrier Reef sowie Fahrten mit Safaribooten zu den weiter außen liegenden Riffen, wie auch zum Ribbon Reef.

REISEGEPÄCK Die Tauchausrüstung wird von den Reiseagenturen zur Verfügung gestellt; es ist hilfreich, den PADI-Tauchschein (Professional Association of Diving Instructors)vorlegen zu können.

SCHWIERIGKEIT Geeignet für Taucher und Unterwasser-Fotografen aller Klassen.

WEBSITES
www.mikeball.com
www.prodive-cairns.com.au
www.spiritoffreedom.com.au
www.lizardisland.com.au

Unter Tauchern gilt dieser Ort aufgrund der unberührten Natur, des kristallklaren Wassers und der unkomplizierten und hautnahen Begegnung mit den vielen Arten, die hier das Meer und seine große biologische Vielfalt bevölkern, als einer der schönsten der Welt: Das Ribbon Reef setzt sich aus 10 aneinandergereihten Riffen zusammen, die sich am nördlichen Teil des Great Barrier Reef über etwa 80 Kilometer erstrecken. Der abgelegene Ort an der Küste im Nordosten Australiens ist ausschließlich mit dem Boot erreichbar und garantiert, auch dank der abnehmenden menschlichen Gegenwart in den umliegenden

252 Ein Taucher während eines Tauchgangs entlang der Wand des Korallenriffs, die von bunten weichen Korallen bewachsen ist.

253 oben und unten Der Reichtum hier unter Wasser ist weltweit einzigartig. Wissenschaftler prangern die verheerenden Folgen an, die die globale Erderwärmung für sensible Arten wie Korallen hat.

254-255 Der *Epinephelus tukula* ist ein geselliger Zackenbarsch. Er kann bis zu 2 Meter lang werden.

255 Ein Clownfisch späht neugierig aus der Seeanemone hervor. Sie dient ihm nicht nur als Wohnung, die beiden bilden auch eine Symbiose.

Gegenden, eine geringe Anzahl von Touristen. Wer diesen Ort aufsucht, kann etwas erleben, das an Schönheit und Einzigartigkeit nicht zu übertreffen ist. Einige Gebiete dürften Meeresliebhabern ein Begriff sein: Auf keinen Fall verpassen sollte man die Code Hole, bekannt für das Vorkommen riesiger Barsche (*Epinephelus tukula*), die sich den vor Anker liegenden Booten unbeteiligt nähern und spektakuläre Schnappschüsse ermöglichen. Man sagt, der Wagemut dieser Barsche rühre daher, dass diese Tiere sich mit der Zeit daran gewöhnt hätten, von den vorbeikommenden Booten gefüttert zu werden. Neben den

Barschen schwimmen Clownfische, Weißspitzenriffhaie, Netzmuränen, Barrakudas und Napoleon-Lippfische (*Cheilinus undulatus*) mit ihren weichen smaragdgrünen Schuppen.

Unendlich lange Strände und Wüsten findet man auf Lizard Island, das, zusammen mit den umliegenden kleinen Inseln, einen Nationalpark bildet. Hier kann man bis zum Umfallen tauchen und schnorcheln und durch die wundervollen Formen des Korallenriffs gleiten, durch Korallentürmchen, -wände und kleinere Riffe. Man trifft häufig auf Schildkröten, Delfine, Dugongs und pelagische Fische, die zur örtlichen Fauna zählen. Im Sommer findet man sich nicht selten inmitten von Zwergwalen (*Balaenoptera acutorostrata*) wieder. Das Ribbon Reef ist ein Paradies für Taucher. Auch in nicht allzugroßer Tiefe (man schwimmt selten tiefer als 20 Meter) ist es hier dennoch möglich, 1500 verschiedene Fisch- und 400 Korallenarten zu bestaunen.

DIE WAITOMO CAVES – EIN UNTERIDISCHER STERNENHIMMEL

EINE PLANETARISCHE REISE DURCH STERNENHELL ERLEUCHTETE HÖHLEN UND ZU IHREN BEWOHNERN: DIE HAUPTDARSTELLER DES VERBLÜFFENDEN NATURSCHAUSPIELS SIND BIOLUMINESZENTE INSEKTEN.

Diese Reise ins Innere der Erde sorgt sogar bei Reiseprofis für Erstaunen. Die Grotten von Waitomo bieten ein weltweit einzigartiges Lichterschauspiel, für das kleine biolumineszente Insekten (*Arachnocampa luminosa*) verantwortlich sind, die das Gewölbe in einen wahrhaftigen Sternenhimmel verwandeln. Diese kleinen Geschöpfe sehen aus wie gewöhnliche Stechmücken, sind jedoch etwas größer (etwa vier Zentimeter lang) und leben ausschließlich in Neuseeland. Während der Larvenzeit erzeugen sie in regelmäßigen Abständen einen Lichtschein, um Nahrung zu finden. Sie leuchten kurz auf und lassen das Leuchten dann wieder erlöschen, genau wie Glühwürmchen. Die Larven spinnen bis zu 1,5 Meter lange faserige Spinnweben, die sie mit ihrem Speichel durchnässen. Dadurch wird der Glanz reflektiert und der schimmernde Effekt

256 Die Larven der *Arachnocampa luminosa*, eine in Neuseeland endemische Insektenart, erhellen das Gewölbe der Höhle. In der Sprache der Maori heißen sie *titiwai*, etwa »Spiegelung im Wasser«.

257 Die fasrigen Spinnweben sind bis zu einem Meter lang und enthalten ein klebriges Serum, das die Beute lähmt.

verstärkt. Der Lichtschein variiert zwischen Grün und Blau und ist je nach Hungergefühl unterschiedlich hell: Je größer ihr Appetit, umso heller leuchten die Tiere in der Dunkelheit. Die Insekten brauchen einen feuchten, dunklen und windgeschützten Ort, an dem sie sich während der neunmonatigen Larvenzeit an die Decke heften können. Das Leben der ausgewachsenen Tiere hingegen ist kurz und dauert nur ein paar Dutzend Tage. Die Waitomo Caves, unterteilt in drei Ebenen, bilden also das ideale Habitat für die Tierchen. Zunächst betritt man die sogenannten Katakomben, die durch Einbuchtungen im Fels gekennzeichnet sind. Von hier aus gelangt man in den »Speisesaal« und zuletzt in die »Kathedrale«, die größte der Höhlen, deren Name von einem gigantischen dort vorhandenen Kalkgebilde in der Form einer Orgel herrührt. Die Ersten, die dieses unterirdische Himmelsschauspiel erforschten, waren Tane Tinorau, ein Häuptling der Maori, und Frederick Mace, ein britischer Vermessungstechniker. Die Maori wussten seit langer Zeit von der

REISETIPPS

BESTE REISEZEIT Die Höhlen sind bis auf Weihnachten ganzjährig geöffnet. Eine Besichtigung ist nur mit Höhlenführer möglich. Die Anzahl der geführten Touren pro Tag ist begrenzt, Vorreservierung empfohlen.

ANREISE Die Höhlen befinden sich etwa 200 Kilometer von Auckland und 75 Kilometer von Hamilton entfernt und sind über Landstraßen gut erreichbar.

REISEGEPÄCK Bequeme und rutschfeste Schuhe, warme Jacke. Fotoapparate sind nicht erlaubt.

SCHWIERIGKEIT Je nach gebuchter Tour unterschiedlich (verschiedene Programme und Schwierigkeitsstufen). Angeboten werden sowohl gewagte und anspruchsvolle als auch universell (auch für Familien mit Kindern) geeignete Touren.

WEBSITES
www.waitomo.com
www.newzealand.com/int/waitomo-caves
www.hobbitontours.com

258-259 Der romantische unterirdische Sternenhimmel entsteht durch Luzerin, das in Verbindung mit Sauerstoff kaltes Licht erzeugt. Die *Arachnocampa luminosa* wurde erstmals im Jahr 1871 in einer Goldmine in der Region Thames unweit von Auckland entdeckt.

Existenz der Höhlen, deren Name sich im örtlichen Dialekt aus den beiden Wörtern *wai* und *tomo* zusammensetzt, die so viel bedeuten wie »Wasser« und »Loch«. Doch bis dato hatte sich keiner von ihnen ins Innere der unterirdischen Höhlen gewagt. Nachfolgende Erkundungen führten zur Entdeckung des über den Grotten gelegenen Eingangs, der auch heute als Haupteingang genutzt wird. Am besten erkundet man die Höhlen zu Fuß oder mit dem Boot. Abenteuerbegeisterte sollten sich einen Rafting-Ausflug und Abstieg mit Seil nicht entgehen lassen. Hierfür ist eine gewisse körperliche Fitness erforderlich. Eine weitere, nicht minder spektakuläre Portion Abenteuer bilden die Ruakuri-Höhlen. Ihr spiralförmiger Eingang wurde von der Natur mit absoluter Ingenieursperfektion geschaffen. Die beiden Höhlen sind nur wenige Minuten mit dem Auto voneinander entfernt, wie auch die kleinere Grotte von Aranui mit ihren weißen Stalaktiten und die Marokopa-Wasserfälle, deren Getöse bereits von Weitem zu hören ist.

REISE ZU DEN PINGUINEN AM RANDE DES OZEANS

EIN RAUES KLIMA UND PLÖTZLICHE SCHNEESTÜRME EMPFANGEN DEN REISENDEN, DER ES GEWAGT HAT, DIE GRENZEN DER ERDE ZU ÜBERSCHREITEN: DIE FALKLANDINSELN, SÜDGEORGIEN UND DIE SÜDLICHEN SHETLANDINSELN BEHERBERGEN VOM MENSCHEN FASZINIERTE VOGELKOLONIEN.

Unter tief hängenden Wolken zeigt die »südlichste Stadt der Welt« ihr raues Gesicht der Wildnis, das gekrönt ist von Bergen, die sich im titanfarbenen Spiegelbild des Beagle-Kanals verlieren.

260 Eine riesige Kolonie von Königspinguinen in der Nähe der St. Andrews Bay auf Südgeorgien. Pinguine sind Wasservögel, können jedoch nicht fliegen; ihre Flossen, die sie zum Schwimmen benutzen, waren einst Flügel.

260-261 Pinguine auf Nahrungssuche, kurz vor dem Sprung in die Fluten der Antarktis. Kaiserpinguine ernähren sich von Krill, kleinen Krabben und Fischen. Um sie zu fangen, schwimmen sie bis zu 80 Kilometer.

REISETIPPS

BESTE REISEZEIT Von November bis März.

ANREISE Per Flugzeug mit Aerolíneas Argentinas von Buenos Aires bis Ushuaia, weiter per Boot.

REISEGEPÄCK Den südlichen Sommer kennzeichnen milde Temperaturen (-5 °C bis +5 °C). Bei Schneestürmen kann das Thermometer unvermittelt fallen, die Temperatur sinkt jedoch nur selten unter -15°C. Warme Winter- und Wanderkleidung empfohlen. Für die Landgänge eignen sich Thermostiefel, die auch an Bord geliehen werden können.

SCHWIERIGKEIT Keine besonderen Schwierigkeiten. Das Personal an Bord sorgt dafür, dass der Umstieg vom Schiff auf die Schlauchboote sowie von den Schlauchbooten an Land und umgekehrt so einfach wie möglich vonstatten geht. Dabei sollte man jedoch nicht vergessen, dass man sich auf offenem und teils unruhigem Meer, in möglicherweise fatalem Gewässer, befindet. Eine gute Fitness ist daher Voraussetzung.

WEBSITES
www.antarctica.gov.au/about-antarctica
www.nationalgeographic.org/encyclopedia/antarctica
www.gov.gs/visitors/how-to-visit-south-georgia, mastroviaggiatore.it/patagonico

262 Ein eleganter Kaiserpinguin mit seinem noch etwas tapsigen Jungen. Das Gefieder der Jungtiere ist braun und flauschig.

263 Touristen beobachten eine Gruppe von Eselspinguinen. Pinguine dieser Art erreichen eine Größe von maximal 90 Zentimetern.

Ushuaia wurde am 12. Oktober 1884 von einem argentinischen Matrosen gegründet, der von Buenos Aires hierher geschickt worden war, um die argentinische Flagge auf der bereits stark von Engländern belagerten Tierra del Fuego zu hissen. Die Insel hat zunächst eine Vergangenheit als Strafkolonie, dann als Freihafen vorzuweisen. Heute leben hier etwa 57 000 Einwohner. Aufgrund seiner relativen Nähe zum äußersten Zipfel Südamerikas (Kap Hoorn) sowie zur nördlichen Spitze der Antarktischen Halbinsel ist Ushuaia der wichtigste Starthafen für Kreuzfahrten in die Antarktis. Dazwischen liegen Millionen Schneestürme, die man auch unter dem Namen Drakestraße zusammenfassen kann. Für die Suche nach den Pinguinkolonien stechen wir mit speziellen Polarschiffen in See. Normalerweise sind sie zur meereskundlichen Forschung im Einsatz, in den Sommermonaten werden sie auch für besondere Kreuzfahrten angemietet. Eine solche Reise, die sicherlich um einiges spartanischer ist als eine Kreuzfahrt mit einem der wenigen anderen Schiffe, die bis hierherkommen, hat folgenden Vorteil: Die Anzahl der Reisenden an Bord dieser Forschungsschiffe ist begrenzt, und die Fahrten werden von hoch spezialisiertem Personal begleitet. Wenn man bedenkt, dass für solche Fahrten in die Antarktis etwa 100 Personen je Fahrt vorgesehen sind, ist der Unterschied zwischen einem Schiff mit 800 Passagieren und einem mit 80 Passagieren leicht vorstellbar.
Wer große Pinguinkolonien, insbesondere

Kaiserpinguine, hautnah erleben will, der sollte eine Kreuzfahrt wählen, die auch Südgeorgien im Programm vorsieht. Die am nächsten gelegene Pinguinkolonie lebt jenseits des südlichen Polarkreises, seine Überquerung ist ein Privileg, das nur wenige Schifffahrten kommerzieller Anbieter für sich beanspruchen. Auch in Südgeorgien dürfen nur wenige Schiffe ankern, viel höher ist dagegen die Wahrscheinlichkeit, schon bald von Tausenden Pinguinen umgeben zu sein. Standard-Kreuzfahrten haben die Falklandinseln (in Argentinien Malvinas genannt), Südgeorgien, die antarktische Halbinsel mit den Südlichen Shetlandinseln, die Durchquerung der Drakestraße sowie die Umrundung von Kap Hoorn im Programm und gelangen schließlich über den Beagle-Kanal wieder nach Ushuaia. Insgesamt legt man in 20 Tagen etwa 3500 Seemeilen in engstem Kontakt mit der wildesten Natur unseres Planeten zurück.

Zwanzig Tage ist man der Willkür eines Klimas ausgesetzt, das im Handumdrehen umschlägt und rau und unwirtlich werden kann. Man sollte sich also mit geeigneter Kleidung schützen. Auch wenn die Sonne scheint und die Temperaturen auf über 0 °C klettern, sollte man eine Thermojacke, gefütterte Hosen, Mütze und warme Handschuhe dabeihaben. Stürme ziehen hier nämlich meist plötzlich auf. Genau 339,4 Seemeilen und 36 Stunden auf See trennen Ushuaia von West Point Island, dem ersten Halt auf den Falklandinseln. Auf See wird man von imposanten Albatrossen und zahlreichen Walen begleitet.

Schließlich kommen die Inseln leicht verschwommen am völlig leeren Horizont in Sicht. Sie sind flach und nicht sehr üppig bewachsen, es gibt viele Schafe und 2000 Einwohner, die sich fast alle auf Staneley, den Hauptort der Insel, konzentrieren; außerdem unzählige Minen. Sie zeugen noch vom kurzen Krieg, der hier im Jahr 1982 zwischen Argentinien und dem Vereinigten Königreich ausgetragen wurde. Ein überflüssiger Krieg, der auf den einsamen Inseln immerwährende Spuren hinterlassen hat: Um die Minen zu entfernen, würde das Gebiet mit Bulldozern verwüstet und die Brutplätze Hunderttausender von Seevögeln vernichtet. Bisher scheint niemand gewillt,

Mit ihren liebenswürdigen Verneigungen, ihrem monogamen Liebesverhalten und der Nächstenliebe, die sie demonstrieren, wecken sie sicherlich jene emotionale Anteilnahme, die zum Erfolg verhilft.

Danilo Mainardi

Ethologe, Ökologe, wissenschaftlicher Schriftsteller

diese Unannehmlichkeiten auf sich zu nehmen. Auf den Inseln trifft man die ersten Pinguine. Es sind Felsenpinguine, die man an ihrem zerzausten und rockigen gelbschwarzen Haarschopf erkennt. Die Tiere sind neugierig, die Gegenwart des Menschen nicht gewöhnt und lassen sich daher leicht anlocken. Weitere 784 Seemeilen und 60 Stunden auf See sind es von Stanley bis zu den rauen Steilküsten Südgeorgiens. Zu Beginn des 20. Jahrhunderts entwickelte sich Südgeorgien zu einem der beliebtesten Walfangorte und wurde bis zum Niedergang der Industrie im Jahr 1966 regelmäßig von Walfängern aufgesucht. Südgeorgien besitzt kein bewohntes Zentrum und auch keine Landebahn und ist ein noch weitgehend vom Menschen unberührtes Naturparadies. Die drei Tage Aufenthalt in Südgeorgien bedeuten unwegsame und raue Natur. Unter den zahlreichen Landgängen ist Grytviken hervorzuheben. Hier kann man die Überreste der Walfangstation besichtigen, wo zwischen 1904 und 1966 gut 175 000 Wale »verarbeitet« wurden. Außerdem befindet sich hier das Grab von Sir Ernest Shackleton. Die aufregendsten Momente der Kreuzfahrt entlang der Küsten dieser Naturburg kann man in der St. Andrews Bay und auf der Salisbury Plain erleben. Die Orte sind von zwei riesigen Königspinguinkolonien besiedelt. Hier steht man Tausenden Pinguinen gegenüber und kann unvergessliche Momente erleben: Entfernt man sich nur ein klein wenig von den übrigen Besuchern und legt sich auf den Boden, ist man schon bald von Hunderten gefiederten Zweibeinern umgeben, die ganz neugierig Hose und Fotostativ mit ihrem Schnabel erforschen. Man sieht sie von unten, wie sie sich am Himmel abzeichnen, oder auch im eiskalten Wasser kniend, wie sie gerade zum Ufer zurückschwimmen und gegen die Wellen ankämpfen; oder von den Hügeln am Rande der Gletscher aus: Dann geht es mit einem Satz weiter in Richtung Antarktis: Von der Küste Südgeorgiens segelt man entlang der Route Shackletons, vorbei an Elephant Island. Weitere zwei Tage auf offener See, 750 Seemeilen mit dem weiten Horizont, Millionen Vögeln, Dutzenden Walen und Eisbergen, die mehr als 40 Kilometer breit sind. Darauf folgen fünf Tage pure Antarktis: unendliche Weiten, Weiß und Stille. Auf der Strecke ragen ganz plötzlich immer wieder Eisberge und Berge aus dem Meer auf; an Land kann man Kolonien von Zügelpinguinen (*Pygoscelis antarctica*) und Adeliepinguinen (*Pygoscelis adeliae*) aus nächster Nähe sehen. Hin und wieder steigt man in Schlauchboote um und fährt zu Gletschern oder zwischen Eisbergen hindurch, und trifft dabei auf unterschiedliche Seehundarten. Half Moon Island mit seiner Schönheit, die einem Gemälde entspringt; Deception Island mit seinem Krater, ein Bad in den Thermalquellen; Wilhelmina Bay, wo man zum ersten Mal die wirkliche Antarktis unter den Füßen hat; Cuverville und Petermann Island mit ihren Eisberg-Labyrinthen: Auf etwa 65° 10' südlicher Breite wendet man schließlich nach Norden und nimmt durch die Drakestraße Kurs auf Kap Hoorn.

264 Vier Zügelpinguine folgen den Fußspuren der Ausflügler. Diese kleinwüchsige Spezies scheint auf den ersten Blick sanft und harmlos, sie zählt jedoch zu den aggressivsten Pinguinarten.

266-267 Einige Eselspinguine bewachen einen kleinen Eisberg.

HOMMAGE AUF SHACKLETON

Sir Ernest Henry Shackleton war ein berühmter englischer Naturforscher. Während einer Expedition zum Südpol im Jahr 1915 wurde sein Schiff, die »Endurance«, vom Packeis eingeschlossen. Der Forscher und seine Männer schafften es zu den Südlichen Shetlandinseln bis nach Elephant Island. Von hier aus segelte Shackleton mit fünf seiner Männer in einem Rettungsboot 800 Meilen durch ein Unwetter.
Auf wundersame Weise erreichte er die Südküste von Südgeorgien, segelte durch Eisberge und Felswände und kam nach diesem Unterfangen, das zu den verblüffendsten der menschlichen Geschichte zählt, schließlich in Grytviken an. Einige Jahre später verstarb der Forscher genau an diesem abgelegenen Fleckchen Erde. Den Besuch an seinem Grab und den Tribut auf seinen Mut kann man mit einem amüsanten Ritual beschließen: Man stößt mit Whisky oder Bier auf Shackleton an, nimmt einen Schluck davon und vergießt den Rest über dem Grab.

DIE AUTOREN

Claudio Agostoni
Programmdirektor bei Radio Popolare Mailand und Begründer der Reise-Sendung *Onde Road*. C. Agostini berichtet sowohl für italienische als auch für ausländische Zeitungen über Reisen und Musik. Seine Leidenschaft sind fremde Kulturen sowie afrikanische Töne und Klänge.

Elvio Annese
Dozent für Montagetheorie im Bereich Film an der Accademia di Belle Arti in Brera (Mailand) und Drehbuchautor mehrerer Dokumentarfilme zu musikalischen, gesellschaftlichen und geografischen Themen. Im Jahr 2004 drehte er den Film *K2, une histoire italienne*, der beim Festival d'Autrans den Filmpreis des National Geographic gewann. Außerdem verfasste er die ClupGuide Reiseführer »Madagaskar« und »Kap Verde«.

Alessandra Bartali
Als freischaffende Journalistin begann sie 2004 über das Reisen zu schreiben und veröffentlichte in der Reihe ClupGuide zwei Reiseführer über zwei Orte, an denen sie bereits gelebt hat: Berlin und die Toskana. Sie reist und schreibt für verschiedene Verlage und lokale sowie überregionale italienische Zeitschriften. Außerdem schreibt sie Reportagen für den Hörfunk.

Alberto Bellani
Als Geologe mit langjähriger Erfahrung im Bereich der wissenschaftlichen Forschung widmet er sich der Digitalen Kartografie und Geografie mit besonderem Augenmerk auf Umwelt und Landschaft sowie deren Entwicklung.

Elena Brunello
Sie studierte Amerikanische Literaturwissenschaften an der University of Edinburgh und schreibt seit 2012 für diverse italienische und internationale Zeitungen über das Reisen. Derzeit schreibt sie Drehbücher für Dokumentarfilme. Ihre Filme wurden für verschiedene Filmfestivals in Belfast, Leeds und Orvieto ausgewählt.

Beppe Ceccato
Als Journalist schrieb er für verschiedene italienische Reisemagazine, Wein- und Gastronomiezeitschriften (*Dove, Weekend Viaggi, Viaggiesapori*) sowie Musikzeitschriften (*Rolling Stone Italia*). Außerdem veröffentlichte er Reiseführer über Brasilien in der Serie ClupGuide, sowie das Reisebuch *101 viaggi straordinari da fare almeno una volta nella vita* in Zusammenarbeit mit A. Forlani (Newton Compton Verlag). Die Fotokamera ist sein ständiger Begleiter.

Alessandro Gandolfi
Bis 2001 war er als Reporter für die italienische Tageszeitung *La Repubblica* tätig und arbeitet als Fotograf und Journalist. Außerdem ist er Mitgründer der Bildagentur Parallelozero. Seine Bilder wurden bereits international (z.B. in *Le Monde, Geo* oder im *Sunday Time Magazine*) sowie in Einzel- oder Kollektivausstellungen veröffentlicht. Italienweit erhielt er die meisten Fotografie-Aufträge für National Geographic Italia und gewann bereits viermal den National Geographic's Best Edit Award.

Valerio Griffa
Als Journalist und Fotograf war er für die größten italienischen Tages- und Wochenzeitungen tätig und selbst Direktor von drei Online-Magazinen, darunter ViaMichelin. Außerdem arbeitete er für Rai Radio. Insgesamt veröffentlichte er 15 Bücher und war an drei Fotoausstellungen beteiligt.

Elena Luraghi
Ihre große Leidenschaft für Architektur veranlasste sie zum Studium an der Technischen Universität Politecnico in Mailand, wo sie bis heute lebt. Als Journalistin reist sie nun um die Welt, schreibt Reisebücher und Lifestyle-Artikel. Für ihre Reiseberichte bekam sie mehrere Preise.

Marco Moretti
Der reisebegeisterte Journalist befasst sich vorwiegend mit Reisereportagen und Umweltthemen. Er arbeitet für die italienische Tageszeitung *La Stampa* und betreut die Web-site ecoreport.org, die sich mit der Beziehung Umwelt und Tourismus befasst. Bisher veröffent-lichte er Reiseführer und geografische Werke, insgesamt 15 Titel. Er besuchte 130 Länder und gewann drei internationale Reportagepreise.

Paolo Paci
Der Chefredakteur und Herausgeber verschiedener italienischer Monatsschriften (darunter *Weekend Viaggi, Viaggiesapori, La Cucina Italiana* verbringt seine Zeit in den Alpen, Ligurien und Mailand, wo er mit seiner Frau, seinen Kindern, einer Katze, einer Schildkröte und unzähligen Pflanzen lebt.

Violetta Polese
Die Journalistin und Übersetzerin lebte in Vietnam, China, im Sudan und weiteren Ländern. Sie schrieb Reiseführer und Reisebücher, unter anderen über die Niederlande und den Sudan.

Serena Puosi
Die freiberufliche Werbetexterin stammt aus der Toskana. Zu ihrer großen Leidenschaft zählen Reisen, Bücher und Fotografie. Vor gut zehn Jahren gründete sie den Blog *Mercoledì tutta la settimana* und berichtet dort von ihren Reisen um die Welt, die sie gemeinsam mit ihrem Partner und ihren Kindern unternahm.

Marco Santini
Der Journalist, Videokünstler und Fotograf war schon immer viel auf Reisen, mit Motorrad, Boot oder zu Fuß ist er zwischen Meeren, Eisbergen und Wüsten unterwegs. Er arbeitet für die wichtigsten italienischen sowie weitere internationale Tourismusmagazine.

Francesca Spanò
Die Journalistin, Fernseh- und Reiseautorin arbeitete für Sky, wo sie sich Reisedokumentationen widmete. Außerdem leitet sie verschiedene Blogs zum Thema Tourismus und schreibt für mehrere italienische und internationale Zeitungen.

DIE IDEE

Gianni Morelli
Der Autor verschiedener Essays, Reiseführern, Lehrmaterialien, Romanen, Erzählungen und Filmstoffen arbeitete zum Thema Natur in Forschungseinrichtungen und schreibt über Reisen, Geographie, und Geschichte. 20 Jahre lang leitete er die Reihe ClupGuide für Länder-Reiseführer. Er betreute Geographie-Kurse für die italienischen Verlage Signorelli, Elemond, Giunti TPV und brachte Verkehrs-atlanten und thematische Atlanten von De Agostini und RCS heraus. Beim White Star Verlag sind mehrere Titel von ihm erschienen, zuletzt: *Die großen Entdeckungen und Erfindungen, die die Welt veränderten* (2018). Gianni Morelli ist auch Herausgeber der Ausgabe *Stati Uniti* der Traveler-Reihe von National Geographic und Verlagsleiter des Iceigeo in Mailand.

DANKSAGUNG

Mehrmals kommt in den Kapiteln das Wort »einzigartig« vor, was – wie wir letztendlich festgestellt haben – nicht zu vermeiden war. Nach abschließender Durchsicht sind wir keineswegs mehr der Meinung, wie zunächst befürchtet, zu viele Superlative, zu viel »fantastisch«, »außergewöhnlich«, »unglaublich« oder ähnliche Ausdrücke, gebraucht zu haben. Die Kollegen, die persönlich an den jeweiligen Orten waren, wurden von uns »ausgebeutet«. Sie haben ihre Erfahrungen niedergeschrieben, wir wiederum haben diese – erbarmungslos – in Teilen umformuliert, um sie dem Konzept dieser Ausgabe noch mehr anzupassen. Für die Ausbeute können wir ihnen nur danken. Und was die umformulierten Passagen betrifft, so können wir nur hoffen, dass auch sie damit zufrieden sind und dass sie am Ende ebenso stolz über dieses Buch sein werden wie wir. Allen voran gilt der Dank denen, die das Projekt im Verlag über ihren Schreibtischen ausgearbeitet haben. Der Rest war ein langer Kampf von Vorschlägen, Anpassungen, Geduld und Ausdauer, bis hin zur endgültigen Entscheidung betreffend dem Was, Wer, Wie und Wieviel. Ein Kampf, der uns alle Mühen gekostet hat, der sich aber auch gelohnt hat. Da wir das Projekt als Ergebnis großartiger Teamarbeit sehen, sind die Autoren der Kapitel nicht einzeln genannt. Die Experten und alle, die so hart daran gearbeitet haben, sind, einschließlich dem Herausgeber, Teil dieses kollektiven Schaffens und auf einer oder mehreren dieser wundervollen Seiten gegenwärtig.

BILDNACHWEIS

4: David Trood/Getty Images
S. . 8-9: Kazoyoshi Nomachi/Getty Images
S. . 10: Manuel Breva Colmeiro/Getty Images
S. 11 oben: Monika Hunackova/Shutterstock
S. . 11 Mitte: fotoVoyager/Getty Images
S. 12: Mario Colonel/Getty Images
S. 12-13: Christian Kober/Getty Images
S. 14: Christian Kober/Getty Images
S.15: Menno Boermans/Getty Images
S.16 oben: Monika Hunackova/Shutterstock
S.16 Mitte: Roberto Moiola/Sysaworld/Getty Images
Pagg.16-17: Mikko Karjalainen/ Alamy Stock Photo
S.18: Roberto Moiola/Sysaworld/Getty Images
S.19 oben: Sonja Jordan/ Alamy Stock Photo
S.19 unten: Peter Lilja/Getty Images
S.ff 20-21: Hufton+Crow/View Pictures/UIG/ Getty Images
S.21 oben: Monika Hunackova/Shutterstock
S.21 Mitte: Hufton+Crow/View Pictures/UIG/ Getty Images
S.22: Hufton+Crow/View Pictures/UIG/Getty Images
S.23: Hufton+Crow/View Pictures/UIG/Getty Images
S.24 oben: Monika Hunackova/Shutterstock
S.24 Mitte: Franco Banfi/Getty Images
S.ff 24-25: Espen Bergersen/Nature Picture Library
S.26: by wildestanimal/Getty Images
S.27 oben: © Marco Santini
S.27 unten: Paul Nicklen/Getty Images
S.ff 28-29: Andy Rouse/Nature Picture Library
S.29 oben: Monika Hunackova/Shutterstock
S.29 Mitte: Chase Dekker Wild-Life Images/Getty Images
S.30 oben: Lars Johansson / Alamy Stock Photo
S.30 unten: Franco Banfi/Nature Picture Library
S.31: Bryan and Cherry Alexander/Nature Picture Library
S.32: Wild Wonders Of Europe/Caims/Nature Picture Library
S.33: Ben Cranke/Getty Images
S.34: Sergio Amiti/Getty Images
S.35 oben: Monika Hunackova/Shutterstock
S.35 Mitte: Matteo Colombo/Getty Images
S.36: seng chye teo/Getty Images
S.37 oben: © Marco Bottigelli/Getty Images
S.37 unten: Arctic Images/Getty Images
S.ff 38-39: Johnathan Ampersand Esper/Getty Images
S.39 oben: Monika Hunackova/Shutterstock
S.39 Mitte: sarawut/Getty Images
S.ff 40-41: Tyler Stableford/Getty Images
S.ff 42-43: Johnathan Ampersand Esper/Getty Images
S.44: Tyler Stableford/Getty Images
S.45 oben: Monika Hunackova/Shutterstock
S.45 Mitte: Norbert Eisele-Hein/Getty Images
S.46: Grard Bodineau/Getty Images
S.47 oben: BIOSPHOTO / Alamy Stock Photo
S.47 unten: Paul Souders/Getty Images
S.48 oben: Monika Hunackova/Shutterstock
S.48 Mitte: Loic Poidevin/Nature Picture Library
S.48-49: Carl Court/Getty Images
S.50: Enrique Lopez-Tapia/Nature Picture Library
S.51: Loic Poidevin/Nature Picture Library/Getty Images
S.ff 52-53: Loic Poidevin/Nature Picture Library
S.53 oben: Loic Poidevin/Nature Picture Library

S.53 unten: Eric Lafforgue/Art in All of US/Corbis/Getty Images
S.54 oben: Monika Hunackova/Shutterstock
S.54 Mitte: guenterguni/Getty Images
S.ff 54-55: Rebecca Yale/Getty Images
S.56: Christophe Courteau/Nature Picture Library
S.57 oben: Andy Rouse/Nature Picture Library
S.57 unten: Christophe Courteau/Nature Picture Library
S.58: Andy Rouse/Nature Picture Library
S.59: Eric Baccega/Nature Picture Library
S.60 oben: Monika Hunackova/Shutterstock
S.60 Mitte: Kumar Sriskandan / Alamy Stock Photo
Pagg.60-61: Dietmar Temps, Cologne/ Getty Images
S.ff 62-63: Ben McRae / Alamy Stock Photo
S.63 oben: BRUNO ZANZOTTERA/PARALLELOZERO
S.63 unten: Yvette Cardozo/Getty Images
S.ff 64-65: Peter Adams/Getty Images
S.65 oben: Monika Hunackova/Shutterstock
S.65 Mitte: Mark Hannaford/Getty Images
S.66: Theo Allofs/Getty Images
S.66 unten: Mark Hannaford/Getty Images
S.67: Sergio J. Pitamitz/Getty Images
S.68: Michael Poliza/Getty Images
S.69: Theo Allofs/Getty Images
S.70: Emanuele Biggi/Nature Picture Library
S.71 oben: Monika Hunackova/Shutterstock
S.71 Mitte: Hougaard Malan/Nature Picture Library
S.72 oben: Ben McRae/ Alamy Stock Photo
S.72 unten: Novarc Images/Alamy Stock Photo
S.73: Wim van den Heever/Nature Picture Library
S.ff 74-75: Beverly Joubert/Getty Images
S.75 oben: Monika Hunackova/Shutterstock
S.75 Mitte: Karl Van Ginderdeuren/Buiten-beeld/Minden Pictures/Getty Images
S.ff 76-77: Danita Delimont/Getty Images
S.77 oben: Beverly Joubert/Getty Images
S.77 unten: LOOK Die Bildagentur der Fotografen GmbH/ Alamy Stock Photo
S.78: Peter Adams/Getty Images
S.79: Martin Harvey/Getty Images
S.ff 80-81: Buena Vista Images/Getty Images
S.ff 82-83: Arco Images GmbH/Alamy Stock Photo
S.83 oben: Monika Hunackova/Shutterstock
S.83 Mitte: Hemis/Alamy Stock Photo
S.84: Hemis/Alamy Stock Photo
S.85 oben: Hemis/Alamy Stock Photo
S.85 unten: Hemis/Alamy Stock Photo
S.ff 86-87: AntonPetrus/Getty Images
S.87 oben: Monika Hunackova/Shutterstock
S.87 in centro: Wachirawit Narkborvornwichit/Getty Images
S.88 oben: Aleksey Zakirov/Alamy Stock Photo
S.88 unten: Olivier Renck/Getty Images
S.89: Hemis/Alamy Stock Photo
S.90: Philippe Bourseiller/Getty Images
S.91 oben: Olga Kamenskaya/Nature Picture Library/Getty Images
S.91 unten: Andrey Nekrasov / Alamy Stock Photo
S.92 oben: Monika Hunackova/Shutterstock
S.92 Mitte: Richard I'Anson/Getty Images
S.ff 92-93: Igor Shpilenok/Nature Picture Library/Getty Images
S.94 oben: Igor Shpilenok/Nature Picture Library/Getty Images
S.94 unten: Michael Runkel/robertharding/Getty Images
S.95: Sergey Gorshkov/Minden Pictures/Getty Images
S.ff 96-97: derek watt/Alamy Stock Photo
S.97: Sergey Gorshkov/Nature Picture Library/Getty Images
S.ff 98-99: Timothy Allen/Getty Images
S.99 oben: Monika Hunackova/Shutterstock
S.99 Mitte: Ted Wood/Getty Images
S.100 oben: Timothy Allen/Getty Images
S.100 unten: Tuul & Bruno Morandi/Getty Images
S.101: Timothy Allen/Getty Images
S.ff 102-103: Anton Petrus/Getty Images
S.104 oben: Monika Hunackova/Shutterstock
S.104 Mitte: Ana Flašker/Alamy Stock Photo
S.ff 104-105: Tom Till/Alamy Stock Photo
S.106: Ratnakom Piyasirisorost/Getty Images
S.107 oben: Stanley Chen Xi, landscape and architecture photographer/Getty Images
S.107 unten: Michael Scheja/Alamy Stock Photo
S.ff 108-109: GARCIA Julien/AGF/Hemis
S.109 oben: Monika Hunackova/Shutterstock
S.109 Mitte: HEINTZ Jean/AGF/Hemis
S.110: BOISVIEUX Christophe/ AGF/Hemis
S.111 oben: Godong/Getty Images
S.111 unten: CHARTON Franck/AGF/Hemis
S.112: BRUNO ZANZOTTERA/PARALLELOZERO
S.113: BRUNO ZANZOTTERA/PARALLELOZERO
S.114 oben: Monika Hunackova/Shutterstock
S.114 Mitte: Indranil Aditya/Alamy Stock Photo
S.ff 114-115: Amos Chapple/Getty Images
S.116: Timothy Allen/Getty Images
S.117: Alex Treadway/Getty Images
S.118: ArtTomCat/Shutterstock
S.119 oben: Monika Hunackova/Shutterstock
S.119 Mitte: Doug Perrine/Nature Picture Library/Getty Images
S.ff 120-121: Doug Perrine/Nature Picture Library
S.ff 122-123: Noppakun Wiropart/Alamy Stock Photo
S.123 oben: Monika Hunackova/Shutterstock
S.123 Mitte: John S Lander/LightRocket/Getty Images
S.124: Goldquest/Alamy Stock Photo
S.125 oben: Goldquest/Alamy Stock Photo
S.125 unten: Barry Kusuma/Getty Images
S.ff 126-127: Patrick Murray/Getty Images
S.127 oben: Monika Hunackova/Shutterstock
S.127 Mitte: Carsten Peter/Getty Images
S.128: Matthias Hauser/Getty Images
S.129: Kelly Ryerson/Getty Images
S.130 oben: Monika Hunackova/Shutterstock
S.130 Mitte: Tristan Savatier/Getty Images
S.ff 130-131: Grant Dixon/Getty Images
S.132: Chris Howes/Getty Images
S.133: Chris Howes/Getty Images
S.134: zodebala/Getty Images
S.135: Chris Howes/Getty Images
S.136 oben: Monika Hunackova/Shutterstock
S.136 Mitte: Sean Pavone/123RF
S.ff 136-137: CSP/SeanPavonePhoto/Age Fotostock
S.138: totororo/Getty Images
S.139: Yoshinori Takahashi/Sebun Photo/Getty Images
S.140: Hiroya Minakuchi/Minden Pictures/Getty Images
S.141 oben: Monika Hunackova/Shutterstock
S.141 Mitte: linux87/123RF
S.142: Aflo/Nature Picture Library
S.143: The Asahi Shimbun/Getty Images
S.144: Chiara Salvadori/Getty Images
S.145 oben: Monika Hunackova/Shutterstock
S.145 Mitte: PHOTO LIBRARY IRODORI/Getty Images
S.146: sandi rais/iStockphoto
S.147: structuresxx/iStockphoto
S.148 oben: Monika Hunackova/Shutterstock
S.148 Mitte: Eric Baccega/Nature Picture Library
S.ff 148-149: John E Marriott/Getty Images
S.150: Eric Baccega/Nature Picture Library
S.151: Matt Anderson Photography/Getty Images
S.ff 152-153: Jack Dykinga/Nature Picture Library
S.ff 154-155: Flip Nicklin/Minden Pictures/Getty Images
S.155 oben: Monika Hunackova/Shutterstock
S.155 Mitte: Michelle Valberg/Getty Images
S.156 Mitte: blickwinkel/Alamy Stock Photo
S.156 unten: Michelle Valberg/Getty Images
S.157: Paul Nicklen/Getty Images
S.158: Naphat Photography/Getty Images
S.159 oben: Monika Hunackova/Shutterstock
S.159 Mitte: Piriya Photography/Getty Images
S.ff 160-161: Naphat Photography/Getty Images
S.ff 162-163: Danita Delimont/Getty Images
S.163 oben: Monika Hunackova/Shutterstock
S.163 Mitte: Joe Vogan/Alamy Stock Photo
S.164: Danita Delimont/Getty Images
S.165: Michael Melford/Getty Images
S.166 oben: Monika Hunackova/Shutterstock
S.166 Mitte: Rebecca Ang/Getty Images
S.ff 166-167: Edwin Verin/Alamy Stock Photo
S.168: Keith Ladzinski/Getty Images
S.169: Massimo Pizzotti/Getty Images
S.ff 170-171: Doug Meek/Getty Images
S.171 oben: Monika Hunackova/Shutterstock
S.171 Mitte: Glenn van der Knijff/Getty Images
S.172: Glenn van der Knijff/Getty Images
S.173: Michael Nolan/robertharding/Getty Images
S.174: RGB Ventures / SuperStock/Alamy Stock Photo
S.175 oben: Monika Hunackova/Shutterstock
S.175 Mitte: Michele and Tom Grimm / Alamy Stock Photo
S.176: B.A.E. Inc./Alamy Stock Photo

S.177: Danita Delimont/Getty Images
S.178 oben: Monika Hunackova/Shutterstock
S.178 Mitte: Panoramic Images/Getty Images
S.178-179: JLR/Getty Images
S.180: ApMadoc/Getty Images
S.181 oben: HEEB Christian/AGF/Hemis
S.181 unten: James Forte/Getty Images
S.182-183: RGB Ventures/ SuperStock/Alamy Stock Photo
S.183 oben: Monika Hunackova/Shutterstock
S.183 Mitte: Michel Roggo/Nature Picture Library
S.184: Luis Javier Sandoval/VW Pics/UIG/Getty Images
S.185 oben: Martin Strmiska/Alamy Stock Photo
S.185 unten: Reinhard Dirscherl/ullstein bild/Getty Images
S.186: Gavin Newmann/Alamy Stock Photo
S.187: Reinhard Dirscherl/ullstein bild/Getty Images
S.188: Sylvain CORDIER/Gamma-Rapho/Getty Images
S.189 oben: Monika Hunackova/Shutterstock
S.189 Mitte: age fotostock/Alamy Stock Photo
S.ff 190-191: Sylvain CORDIER/Gamma-Rapho/ Getty Images
S.191 oben: Chico Sanchez/Alamy Stock Photo
S.191 unten: robertharding/Alamy Stock Photo
S.192: Kirill Trubitsyn/Shutterstock
S.193 oben: Monika Hunackova/Shutterstock
S.193 Mitte: Thomas Marent/Minden Pictures/ Getty Images
S.194: Tom Till/Alamy Stock Photo
S.195 oben: KIKE CALVO/Alamy Stock Photo
S.195 unten: Juergen Ritterbach/Getty Images
S.ff 196-197: FG Trade/Getty Images
S.197 oben: Monika Hunackova/Shutterstock
S.197 Mitte: Wolfgang Kaehler/LightRocket/Getty Images
S.198: Galen Rowell/Getty Images
S.199 oben: Hemis/Alamy Stock Photo
S.199 unten: THEPALMER/Getty Images
S.ff 200-201: CORDIER Sylvain/AGF/Hemis
S.ff 202-203: National Geographic Image Collection/Alamy Stock Photo
S.203 oben: Monika Hunackova/Shutterstock
S.203 Mitte: Edson Vandeira/Getty Images
S.204: WIN-Initiative/Getty Images
S.205: Dante Laurini Jr. Imagens/Getty Images
S.206 oben: Monika Hunackova/Shutterstock
S.206 Mitte: guenterguni/Getty Images
S.ff 206-207: Jesse Kraft/EyeEm/Getty Images
S.208: Volanthevist/Getty Images
S.209: Photography by Jessie Reeder/ Getty Images
S.ff 210-211: Alex Mustard/Nature Picture Library/ Getty Images
S.211 oben: Copyright Michael Gerber/Getty Images
S.211 unten: The Asahi Shimbun Premium/Getty Images
S.ff 212-213: Tui De Roy/Minden Pictures/Getty Images
S.ff 214-215: Ignacio Palacios/Getty Images
S.215 oben: Monika Hunackova/Shutterstock
S.215 Mitte: Toru Endo/Sebun Photo/Getty Images
S.216: Photographer Renzi Tommaso/Getty Images
S.217 oben: Oleg Yakunin/EyeEm/Getty Images
S.217 unten: Westend61/Getty Images
S.218 oben: Monika Hunackova/Shutterstock
S.218 Mitte: Melissa Farlow/Getty Images
S.ff 218-219: Ignacio Palacios/Getty Images
S.220 oben: agustavop/Getty Images
S.220 unten: Matthew Williams-Ellis/Getty Images
S.221: Ignacio Palacios/Getty Images
S.222 oben: Monika Hunackova/Shutterstock
S.222 Mitte: Linde Waidehofer/Barcroft Media/ Getty Images
S.ff 222-223: mauritius images GmbH/Alamy Stock Photo
S.ff 224-225: Witold Skrypczak/Getty Images
S.225: Linde Waidehofer/Barcroft Media/Getty Images
S.ff 226-227: Aumphotography/Getty Images
S.227 oben: Monika Hunackova/Shutterstock
S.227 Mitte: Yann Arthus –Bertrand/Getty Images
S.228: Roberto Rinaldi/Nature Picture Library
S.229 oben: Krzysztof Dydynski/Getty Images
S.229 unten: Jeff Overs/BBC News & Current Affairs/Getty Images
S.230: Visions of America/UIG/Getty Images
S.231: WALTER DIAZ/AFP/Getty Images
S.232 oben: Monika Hunackova/Shutterstock
S.232 Mitte: Mint Images-Frans Lanting/Getty Images
S.233: SIMON FRASER/SCIENCE PHOTO LIBRARY/Getty Images
S.234: Mint Images-Frans Lanting/Getty Images
S.235: Toshi Sasaki/Getty Images
S.236: Carl Shaneff/Getty Images
S.237: Justinreznick/Getty Images
S.238: Danita Delimont/Getty Images
S.239 oben: Monika Hunackova/Shutterstock
S.239 Mitte: Darrell Gulin/Getty Images
S.ff 240-241: Danita Delimont/Getty Images
S.241: Danita Delimont/Getty Images
S.ff 242-243: GERAULT Gregory/hemis.fr/Getty Images
S.243 oben: Monika Hunackova/Shutterstock
S.243 Mitte: FRUMM John/AGF/Hemis
S.244: Onne van der Wal/Nature Picture Library
S.245 oben: DOZIER Marc/AGF/Hemis
S.245 Mitte: Tim Laman/Getty Images
S.245 unten: FRILET Patrick/AGF/Hemis
S.ff 246-247: Tony Wu/Nature Picture Library
S.247 oben: Monika Hunackova/Shutterstock
S.247 Mitte: Tony Wu/Nature Picture Library
S.248: RGB Ventures/ SuperStock/Alamy Stock Photo
S.ff 248-249: Tony Wu/Nature Picture Library
S.ff 250-251: Marco Bivio/Getty Images
S.251 oben: Monika Hunackova/Shutterstock
S.251 Mitte: Herve Hughes/Getty Images
S.252: Brandon Cole/Nature Picture Library
S.253 oben: Brandon Cole/Nature Picture Library
S.253 unten: David Doubilet/Getty Images
S.ff 254-255: Jonathan Bird/Getty Images
S.255: Brandon Cole/Nature Picture Library
S.256: Marcel Strelow/Alamy Stock Photo
S.257 oben: Monika Hunackova/Shutterstock
S.257 Mitte: robertharding/Alamy Stock Photo
S.ff 258-259: Marcel Strelow/Alamy Stock Photo
S.260 oben: Monika Hunackova/Shutterstock
S.260 Mitte: David Tipling Photo Library/ Alamy Stock Photo
S.ff 260-261: Martin Harvey/Getty Images
S.262: Stevebloom.com/Barcroft Media/Getty Images
S.263: Paul Kay/Getty Images
S.264: Patrick J. Endres/Getty Images
S.ff 266-267: David Merron Photography/Getty Images

NATURVERBUNDEN
Einzigartige Naturerlebnisse weltweit
1. Auflage 2019, übersetzt von
Incontro con la natura

ISBN 978-3-95504-768-9

Printed in Slovakia

Verlag der deutschen Ausgabe:
Kunth Verlag GmbH & Co KG
St.-Cajetan-Straße 41
81669 München
Projektbetreuung: Calina Kunth
Redaktion: Isabel Rößler
Übersetzung: S. 001–147 Bookworm Translations
S. 148–272 Julia Schott

Verlag der italienischen Ausgabe:

WHITE STAR PUBLISHERS

WS White Star Publishers® is a registered trademark property of White Star s.r.l.

Piazzale Luigi Cadorna, 6
20123 Milano, Italia
www.whitestar.it